三遊亭歌笑自伝

心で泣いて
笑顔を忘れず

三遊亭歌笑 著

目次

生まれ・二親去りて養子に

あたしがこの世に産声をあげましたのが、昭和十四年五月二十五日、父宮崎林蔵、母信子の次男、宮崎勉《すすむ》として、西多摩郡五日市町小中野（現あきる野市）と申しまして、周囲を緑の山々に囲まれたのんびりとした辺境地帯で生まれました。

父林蔵は母信子が、あたしを身ごもったのを知ってか知らずか、四つ年上の兄静雄を残して、交通事故で天逝しました。

残念ながらあたしは、父親の顔も声も、聞いた事もなければ見た事もないんです。

母信子は、兄とあたしを育てるのに働きづめに働いて、女性の大厄三十三歳で食道がんに侵され、新宿大久保病院で、八月の暑い日に生涯を閉じました。

あたしが五歳の時です。

兄とあたしは母の実家に預けられて、叔父叔母に面倒を見てもらう事になりました。

母の実家は五日市でも有名な高水製糸工場といって、当時百人位使っていた機屋《はたや》でした。

母の妹のトミ子には愛情を一身に受け、あたしは母親代わりに思っていました。

幼稚園に入園する頃、高水家の応接間に、あたしと、兄と親戚が集まりまして、あたしを養子に出す話し合いがありました。

実母の妹の高水トシ子の家は子供がなく、しかも夫が戦場から障害を負って復員してきていました。

あたしは、子供心に夢中で抵抗して泣き、兄と別れることを拒みましたが、
その家に預けられることになりました。

トミ子も、

「勉の気持ちも痛いほど分かるが、一番喜んでいるのは、お前の母親信子だぞ、死んだ後は、トシ子に育ててもらってくれという、姉ちゃんの遺言だよ」

あたしは泣くだけ泣きましたが、

「男の子は、いつまでも泣いていると、姉ちゃんが、お母さんが草葉の陰で困っているよ」

と、懇々と諭されました。

隣の部屋に待機していた、二度目の母親になるトシ子に会わされました。

あたしは驚きました。

トシ子は足が悪かったのです。

「さあ、今日からお前の新しいお母さんだ、可愛がってもらいな、お母さんと呼んでごらん」

あたしは、いくら実母の妹であっても、足の悪いトシ子を、お母さんと呼ぶ事ができずに、てこずらせました。

本当の母親なら、足が悪くても、素直にお母さんと呼べるのに、亡き母親を、この時こそ、母ちゃんなぜあたしを残して死んだのかと、子供心に恨んだことを今でもはっきり覚えています。

なさぬ仲

本家から約三里ほど離れた、五日市仲町という所に、養母の家がありました。

荷物と言っても行李一個を持って、宮崎勉から高水勉となり、養子になりました。

養父は戦争で傷痍軍人となって、約五年位寝たきりの生活でした。

新しい親は、両親揃って足が悪かったのです。

養母が近所へ、あたしを連れて挨拶にまわりました。

養母トシ子は、赤ん坊の時から弱く、母親ヤスに溺愛されて育ったため、わがままでしたが、迎合して、敵を作らない性格でした。

生計はトシ子の和裁と、お花を近所の人に教えていて、足りない所は、本家の長兄の照政が内緒で送ってくれていました。

新しい両親にはなかなか馴染めず、本家に、母親変わりのトミ子に会いに行きました。

幼いあたしの複雑な気持ちは、誰にも分からないと、高水の籍に入ってからのあたしの感情のボルテージは上がって、自分との葛藤でした。

あたしにとって親子の関係は、他人同然の関係でした。


友達はできず、できてもケンカばかりで、淋しくなると、実母を恨みながら、トウモロコシやナスが植えられている農道を通って、自然と足が本家に向かっていました。

母性愛に飢えていた心を満たすためでした。

足が悪い養母には甘えられないので、本家に行けば、母親変わりのトミ子もいれば、近村から通っている女工員も、実母の話をしてくれました。

子供の事が心配で病気が日増しに重くなっていく母は、皆に手当たり次第、二人の子供を頼むとお願いしていたようです。


養母は一生懸命あたしに馴染もうとしてくれましたが、子供のあたしには愛情が理解できませんでした。

小学校に入学しましたが、養母の生計では食べていく事がやっとでしたので、ランドセルなどは買ってもらえませんでした。

教科書やカバンは兄の使い古しを譲り受け、兄の名前を消して自分の名前にしましたが、墨で書いてあるために完全に残っていました。

よその友達は、母親に手を引かれ校門をくぐりますが、足の悪い養母にはそれができず、悲しい毎日でした。

辛い時、あたしはすぐ実母を思い出し、母ちゃん、なぜ死んだんだと母親を恨んでは、鬱憤を晴らしていました。

ストレスも溜まるばかりでした。

金が溜まらないで、なぜストレスは溜まるのかなァ、他の友達にはマネーできないだろう、などと洒落が思い浮かんだり。こんな所は、将来落語家になる片鱗があったのかも知れませんネ。


養母も馴染めぬあたしに業を煮やして、商売道具の物差しで、母さんと呼んでくれと折檻しましたが、悪いと心の中では思っていても、どうしても呼べませんでした。

足の悪い姿が、子供心に悲しく感じたのです。

養母は本家に相談に行きます。

勉が懐に飛び込んでこないので説得してくれ、と相談すると、伯父の照政が、

「そんな問題が解決できない位なら、養子にする資格はない。つっぱねるのなら、昔の諺に水は方円の器に従うと云うだろう、トシ子、無二無三で頑張る事だ」

養母は重い足取りで帰ります。

あたしは、伯父伯母に、子供は子供らしく素直な人間でないと人が離れていってしまうぞ、

と厳しく注意されました。

養父も、松葉杖をつきながら病床から歩けるようになり、銀行員から転職して本家のボイラーマンとして働くようになりました。

給料も安く、普段から寡黙な養父は、養母に愚痴泣きごとを言う事もできません。

養母の長兄から物心両面で面倒を見てもらっている事も見逃せません。

高水製糸を辞めたいと苦しんでいる姿を子供心に垣間見ることが増えました。

そんな時は、近所の酒屋で酒を飲み、自己嫌悪になる事を自戒していました。

幼き葛藤

養子になって早や二年の月日が経つと、自分がなぜ養子に入ったのか理解できる様になりましたが、依然として養母養父には馴染めませんでした。

体の不自由な養母養父の、手足となり杖代わりになるためか・・・？　と思う事もありました。

同じ年頃の明るく溌剌としている子供を見ると羨ましく、ランドセルを背負い楽しそうに通学する姿を見ては心の中で泣いていました。

あの子供の両親は五体満足な人かなァ、と思いました。

養母は男勝りの人間で、親からも人に面倒を掛けず自活して生きていくように教育を受け、三味線、小唄、和裁と、口八丁手八丁の人間でしたから、自分の哲学を持っていたように思います。

三年生になった時でした。

学校で父兄参観日に出席するよう、知らせが届きました。

養母が校門をくぐると教室の窓から一斉に級友が窓の外を見て笑い出し、あたしを怪訝そうな顔で見るのです。

あたしは悔しいと級友を憎む前に、同じ人間ではないか、見世物じゃァないと、悲しく苦すぎるショックを受けました。

養母は明るい性格でしたから、障害者でも出不精になるどころか、健常者との調和を大切にする事を持論にして生きていましたので積極的に父兄参観に来てくれましたが、嫌でたまりませんでした。

下校の時は級友が養母のまねをします。

友達もだんだんあたしを遠ざけ、なんでこんな仕打ちを受けるのかと学校生活に嫌気が差し、自棄《やけ》でした。

弱そうな級友ばかりを集めてはガキ大将となり、ケンカばかりします。

養母は学校に呼び出されて注意されますが、怒らないで悲しそうな顔をして、あたしを見る時の「あの」目を今でも忘れる事ができません。

あたしは小学校の時から、朝起きると掃除、洗濯は勿論ご飯炊きをするのが日課でした。

あまり豊かではない我が家には水道が無く、近所への水汲みにも、あたしがバケツを持って行きました。

水瓶を満杯にするには、子供の力では同じ道を何回も何回も繰り返し往復して運ばねばなりませんでした。

風が吹けば、近所の神社の境内に、風で折れた小枝や杉の葉を拾いに行くのも日課でした。

ほかの子供と遊んでいても、少しでも養母養父の助けをしなければならず、楽しい思い出は残っていません。

夕方西に太陽が沈む頃、小高い丘の上にある広徳寺の山の中にカラスが巣へと飛んで行くのをぼんやりと見ていると、遊んでいた友達の親が、夕ごはんだと迎えに来て、又明日遊んでネ、と言い合うと、手を繋ぎながら家路へと急ぎます。

一人ポツンと残ったあたしは、一度でいいから手を繋ぎ欣喜雀躍《きんきじゃくやく》、あったかい両親の待つ我が家に帰ってみたいと後ろ髪を引かれる思いでした。

いつしか空にはダイヤをばらまいたような星が出て、やけに冷たく光って見えました。

丸太でできた街路灯に明かりが灯り、影になって映し出される自分が淋しく、片手を伸ばしてみて、母と帰る事を思うと、滂沱《ぼうだ》の如く涙が流れました。

帰った友達の家の中から卓を囲んで食事をしている様子が聞こえ、大人になったら明るい家庭を作るんだと決めました。


依然として、養母養父を心の中では、お母さん、お父さんと呼んでいても、声に出して言う事ができず自暴自棄になりました。

一生懸命愛情を注いでくれる養母の気持ちは、子供のあたしでも十二分に心に沁みてきました。

トミ子との別れ

本家の妹トミ子が急に嫁ぐことになり、

「勉や、私がお嫁に行ってしまうと、お前を可愛がって庇《かば》うものがいなくなる。最後に私を母親と思って「お母さん」と呼んでみな、さあ、私なら呼べるだろう」

と、以前養子に行く前まで一緒に寝ていたトミ子の部屋で、「お母さん」と胸に齧《かじ》りつき、二人で泣きました。

「勉、私も安心して信子姉ちゃんの仏壇に報告できる」

と、涙を流しながら心配してくれるトミ子に感謝せずにはいられませんでした。

本家の側にある子安神社に二人でお参りをしました。もうすっかり夜で、満天の星を指さしながら、

「あれが信ちゃんの星だ。一番光って見えるだろう、喜んでいるんだ、頑張れよ」

又二人で涙を流しました。

あたしはトミ子の熱い涙でモヤモヤが吹っ切れました。

精神的に苦しい時にアドバイスをしてくれる人の懇情は心に沁みるものです。

子供ではありますが特に心の精神力を植え付けられ、ひとまわり人間が大きくなったと感じた時、望外の幸せを感じずにはいられませんでした。

我が家に帰る道中、実母の眠る玉林寺に自然と足が向き、小さな手を合わせて、母ちゃん、僕も母ちゃんのような、きれいな星になれるよう見守ってね、と約束をして静まり返っている境内で目を閉じましたが、不思議と涙は出ませんでした。

俺が杖代わり

我が家は客の出入りが多く開放的なためか、朝九時から近所のおばさん達が遊びにやって来ました。

口八丁手八丁の養母は、まめまめしく動いて、当時はおしんこかさつま芋という程度でしたがもてなしをしながら、人のふれあいを大切に、子供にとって理想的な躾の行き届いた人間の姿になるにはどうしたら良いかと尋ねていることもあれば、知識豊富であったため、身振り手振りよろしく近所のおばさん達と談笑している姿は、美しく素晴らしいものでした。

隣村から和裁の勉強に通ってくる、昭子さんという人に可愛がってもらいました。

この昭子さんが母親だったら、いやもう母親だと自分で決めつけて、我が家に日曜日を除いて毎日自転車で通ってくる昭子さんに思いを寄せていました。

学校から帰り、自転車が置いてあると、表から顔を見たさに覗きに行くのは、母性愛を欠くあたしにはたまらない時で、高鳴る鼓動を抑えるのに大変でした。

読書好きの母の一番の楽しみは、映画であったように思います。

一週間で番組が代わると必ずあたしを連れて、時々芝居も掛かる五日市劇場によく二人で通いました。二本立てを夕方六時開演に間に合うように行きますが、足が悪いためにいつも間に合わずに始まっていました。

夏場はまだ明るいために、養母と歩く時は、周囲からジロジロ養母を見られるのが嫌で離れて歩き、帰る時は激動の時代のまっただ中に生き、養子に迎えてくれ、遊び心も教えてくれた養母に感謝しながら横を歩いていました。

俺が杖代わりだよ、と・・・

ラジオは友達

あたしの楽しみはラジオでした。

「鐘のなる丘（注1）」、「さくらんぼ大将（注2）」とラジオ寄席は必ず耳をラジオの側にあてて聴きました。

こんな時は、養母養父は何も言いませんでした。

多感な年頃のあたしには、ドラマの筋なんかはどうでもいい、声優が喋って友達のようになってくれていれば良い、と希望をもらっていたのかも知れません。

憂鬱な毎日、欲しいものも買ってもらえず、金を無心しても怒られ、こんな悲しい辛い思いをするのは嫌だ、必ず大きくなったら金持ちになって自由に遊べる仕事をし、二人の不自由な両親の面倒を見て、世人をアッと言わせたいと強く思うようになりました。

近所の子供と遊んでいても心の底から楽しいとは思えず、どこか醒めていたあたしは、不満のやり場のない時、ラジオの寄席番組を聴く事が最高の喜びであったように思います。

ラジオのスイッチを入れると、当時はすぐに音が出てこないので、壊れたのかとラジオを叩くと、タイミング良く甘い声が流れてきたものです。

三遊亭歌笑の落語でした。（落語か漫談か・・・？）

「われたらちねの胎内を出でしころは、秋川の清流に水多し、かもめがＡＢＣを描き・・・」

「歌笑純情詩集（注3）」です。

笑い声が流れて沈んでいた気持ちが一気に吹っ飛び人生の運命を開いてもらったような気持ちでした。

すっかり落語の通りこになってしまいました。


相変わらず生活はそのまま、外に出て学校に行けば、お前のお母さんは足が悪い、とからかわれ、上級になるにつれて荒れた時期だったように思います。

世の中は善人ばかりが住んでいるものではない、人は人、自分は自分なりに信念に基づいて生きていけば、必ず悪人でも行く手を阻む事はできない、と生きる強さと喜びを感じることを知った時、人に迷惑を掛けたりした自分が恥ずかしく思えました。

でも三日坊主で、すぐにあたしの気持ちは元の木阿弥、自分に負けてしまうジレンマを情けなく思う毎日でした。

ある日学校で友達から
「お前は歌笑の親戚だろう、だったら何かやってみろ」

と言われて、目を斜視にする顔の模倣をして、いじめられた事もありました。

顔の面白い人は将来落語家になるか、サーカスに売られるんだ、とよく言われました。

顔が面白い、と言われる事も子供のあたしにはプライドを傷つけられた思いで、俺の人生って何だろう、と悩み苦しむ事もありました。

悲しさ忘れる夏休み

こんな時は死んだ母親を恨み憎んで、悲しさを超越して憤りが涙となって、ボロボロとこぼれて来ました。

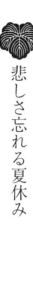

学校が夏休みになった時が一番楽しい時期でした。

山紫水明の地、と先代歌笑が落語の中で喋っていましたが五日市は日帰りで遊びに来る都会の人で賑わったものです。

セミが鳴き、トンボ、チョウ、又畑にはトマト、ナス、キュウリが豊富に生って、日焼けした子供達が平気で畑から取って食べても怒られなかった良き時代でした。

川幅の広い秋川で、子供は勿論の事大人も朝から晩まで、入道雲が夕焼けになり、薄暗くなるまで川瀬を泳ぎ回りました。

あたしにとって一番子供らしい時だったかも知れません。

来る日も来る日も我流でおぼれながら泳ぎをマスターし、大人の泳いでいる水深の深い所で若鮎のようにピチピチと飛び跳ねるように泳ぎまくったものでした。

ある時、急に川岸が騒然となったので、水から上がると先代歌笑が遊びに来たので、あたしは自慢げに、

「治男さん（歌笑の本名）、ボクの泳ぎを見ててネ」

と言いましたが、周囲のサイン攻めですぐに家に帰ってしまったのは今でも残念でなりません。

夏はほとんど我が家に帰らず本家に泊っては遊んでいたので、育ての親との確執は深まり、養父が信仰に凝りだし、息子がなつくように、一家が円満でありますようにと朝夕お経をあげているのを見て、苦しんでいるのかと実感したものです。

夏も終わり我が家に帰っても暗い毎日です。

朝は暗いうちに起き、かまどで飯を炊きながら、その間に庭そうじや雑巾がけをするのですが水の冷たい事、手にはひびが切れて痛みました。

両親が起きてくると布団をかたすのも全部あたしの仕事でした。

我が家も石油コンロが買えた時、こんな便利なものがあるのか、と驚いたものでした。

なにしろ母の生計で暮らしていたので限度がありましたから、あたしには守銭奴でしたが衝動買いをする所があって、自分で稼いだ銭は自分で使っちまえ、明日は明日の風が吹く、という考えもあったように思います。

子供のあたしは非常に嫌でした。

歌笑去る

小学校生活も終わりに近づいた時、雨が降ったので先生が全生徒を講堂に集めて、

「高水、落語を一席喋ってみろ」

と言われ、先代のマネをして、ヤンヤの喝采を浴びた時、不思議な感覚に陥りました。

もう迷うことはない、落語家になろうとはっきり決めたのもこの時だったように思います。


我が家の周辺で遊ぶ時は、裏の悦ちゃんという子を始めほとんど女の子が相手で、お手玉、おはじき、なわとびにあやとりと、今考えると単純な遊びでした。

木々が若葉を生じ風薫る五月の終わり頃、悦《えつ》ちゃんの家の玄関で蝋石で碁盤を描き、おはじきで遊んでいた時、ラジオから臨時ニュースが流れてきました。

歌笑が交通事故でジープに轢かれ死んだというニュースでした。

当時はサマータイム（注4）が導入されていて、六時頃だったと思います。

家に帰り母に話すと、

「冗談もいい加減にして！」

と怒られ、聞き入れませんでした。

病気で寝込んでいる訳でもないので、無理もありません。しばらくすると近所の人が、

「大変だ、治ちゃんが、歌笑さんが事故にあったらしい！」

と、次々と教えに来てくれたので母もビックリ、すぐに本家に知らせたのもはっきりと覚えています。

生まれて初めてこんな悲しい出来事は無く、死ぬな！　と玉林寺に眠る母に手を合わせてお願いしたが無駄でした。

兄弟愛の強い母もショックで二、三日寝込んでしまったものでした。

新聞にはアプレゲール三遊亭歌笑死去、の記事が社会面に大きく載っていました。

東京と田舎で葬儀が行われ、五日市町発足以来の華やかなもので、花輪も並べ切れない程、芸人や映画関係、政界からも届けられました。

レコードで歌笑の落語「妻を語る」を流すと、泣いていた人が笑い出しました。最後まで笑わす運命にあった天世的な落語家であったと思います。

葬儀の時、あたしは国際劇場（注5）で観た歌笑の「立体落語」の姿、「お呼び出しを申しあげます、上野お山の西郷さん、表で犬が待ってます」という所や、五日市の広徳寺の桜まつりで「電車風景」を一席やった姿が走馬灯のように浮かび、祭壇の遺影が不思議に見えてなりませんでした。骨の髄まで芸人に徹した歌笑は、全国を圧巻しました。ハワイにいた美空ひばり（注6）の弔電を読んだ後、笑っていたファンが号泣した事を昨日のように思います。

中学生になった時、五日市劇場に「放浪の歌姫」と云う松竹映画が掛かり、勿論歌笑と美空ひばり主演の映画で、劇場側でも一階は高水製糸様の貸し切りという札を出して気を使ってくれました。

当時は最初がニュース映画で、後に本編だったように思います。

ニュースでは歌笑の死を報じ、後の映画では歌笑の動く映像を観て矛盾を感じ、悲しい思いがしてたまりませんでした。

落語家になりたい

学校を卒業したら、すぐに落語家になろうと胸がときめき、苛立つ毎日で、自分で師匠も決めていました。

歌笑の葬儀の時に見た、二代目三遊亭円歌（注7）です。

品のある、笑顔の素敵な人だと印象に残っていました。

六月に生まれて初めて新宿の寄席を観に行きましたが、芸術協会（注8）の出番であったため、お目当ての円歌師を観ることはできませんでした。芸術協会の落語家を見て、大勢いるもんだと驚きました。

出し物で柳家三亀松（注9）が主任で、タンゴのリズムに合わせて丹下左膳《たんげさぜん》（注10）の形態模写をサービスに演じてくれた時には、興奮して神経が高ぶったものでした。

すっかり寄席の魅力に取りつかれ、正月には必ず家から近い新宿に通いましたが、常に芸術協会の出番でした。

十日間交替とは知らなかったのです。

学校で雨が降ったりすると先生に、

「高水、皆に落語をやってみてくれ」

と言われて、得意になって歌笑のマネをやり、プロになったような気分になり、勉強も手につかなくなりました。

円歌師の弟子になろうと、先代歌笑と同じく家出をして、大塚にある歌笑の家に行き、

「落語家になろうと思って、五日市から出て来ました」

と未亡人の二二子に言ったら驚いて、

「家の者は知っているの」

と聞かれ、家出をしてきた事を話すと、

「私はみんなが承知をしたのなら円歌師匠にお願いをするけれど、家出だったら反対だよ」

と言われ、先代歌笑の長兄が目黒の叔母の所に丁度法事で来ていたので、迎えに来てもらって五日市に帰る事になりました。

しばらくは本家で監視されることになりましたが、相変わらず勉強には身が入らず、女工達

を集めては隠れて落語をやっていました。

娯楽もない灰色の時代ですから、働いている女工の楽しみは流行歌と映画でした。

十年我が家で働くと、桐のタンスをもらって嫁ぐ時代で、皆中学卒業で田舎から集団就職で来た大事な娘さんでした。

女工達におだてられて、

「将来落語家になって、先代を凌駕できるのは勉ちゃんだけだよ」

と言われ、心の中が燃えてくるのでした。

入門

高校三年の終わり頃、親に、どうしても落語家になりたい、と話すと、母は反対、本家も反対、ただ一人父だけが、子供が好きなようにするのが幸福な事だと援護してくれたのでした。

本家に全員集まって相談し、

「二度と帰って来るんじゃない」

と縁を切られました。

当時は、世間では芸人は河原乞食と云われた時代でした。

先代の歌笑の家に電話して、円歌師に頼んでもらいましたが、すぐには許してもらえませんでした。

「高校を卒業するまでは弟子には取らない、これからは学歴も必要とする時代で、知識を身につけて来い」

と連絡を受けたのでした。

近所には落語家になることは内緒です。当時は田舎役者かできそこないがなる職業位にしか思われていないので、高水家の暖簾に傷が付いたら先祖に顔向けができない、という単純な理由でした。

親、又親類にとっても博打のようなものでしたが、ついに入門を許される時が来ました。

忘れもしない、昭和三十三年四月一日でした。

落語家になる夢を許してくれた両親と親類に、感謝の気持ちで涙が流れ落ちました。

十八年間育ててくれた、わがままなあたしを東京に出す事は冒険です。

必ず出世するまでは帰らないと胸にしめ、住みなれた故郷五日市を柳行李ひとつで、先代の長兄照政と母と三人で後にしました。

五日市駅には、父や母に連れられた、あたしと同じ子供が、身の回りの品物を詰め込んだ風呂敷包みを持ったみすぼらしい姿で、奉公に出る子供達が、夢を膨らませて各方面へと巣立って行く風景があっちこっちで見られました。

汽車が走り出し、夢が待つ東京へと故郷が遠ざかるにしたがって、小さい時遊んだ色々な事が浮かんで涙が自然と流れ落ちて来ました。

立川を過ぎ中央線で新宿へ、五日市と違って華やかなネオンが光り、人々で駅がごった返しているのにあたしは驚きました。

山手線に乗り大塚で二二子も同乗してくれました。

「封建的な縦割り社会の世界だから、十分に心に留めておきなさい」

と電車の中で言われ、母と照政は忙しい中を一緒に行ってくれる二二子に感謝の言葉を述べていました。

田端駅で下車して、タクシーで尾久に住む憧れの円歌師の家に着きました。

円柱に、

「三遊亭円歌事　田中利助」

と書いてありました。

立派な屋敷でしたので、足が急に震え出して恐くなりました。

石畳に水が打ってあり、柳の芽が吹いて、玄関に盛り塩がしてあります。

まるで料亭のような家でした。

玄関脇に犬小屋があって、テリー犬でメリーという名前のついた犬がいまして、
その後あたしが世話をする事になりました。

玄関の上がり框の所に、「三遊亭」と書かれた額が掛かっていました。

「こんにちは」と声を掛けると、奥から女中さんが出て来て、

「さあどうぞ」

と二階の師匠の部屋に案内されたのでした。

部屋にはスピッツのボンという愛玩犬が、あたし達を吠えまくって奥さんは往生していました。

円歌師匠はグリーンの「三遊亭円歌」と染め抜いた座布団に座り、立派でした。

円歌師匠が、

「キミかい、落語家になりたいというのは」

とあたしに聞かれ、緊張感で声が出ませんでした。

「元気がないな、落語家になりたいなら大きな声で言わなかったら駄目だ」

と一喝されました。

脇にいた奥さんが、

「師匠、無理もないわ、田舎から出て来て緊張しているんだから」

と助け舟を出してくれ、心の中で「有難う」と感謝しました。

話をしているうち、円歌師匠が吃音である事が分かって驚きました。

舞台に上がると喋れるのに、普段はスムーズに喋れないのです。

奥さんがすぐに言葉を挟んでくれました。

円歌師匠から落語家になる動機を聞かれ、

「喋る事が好きなんです」

と話すと、

「君は治男に憧れているだけだろう、もしそうなら、田舎に帰りなさい」

あたしの心の中を読まれてしまいました。

落語家という職業はどんなに辛いか、諭すように話をするのでした。

母や二二子、照政にも、

「治男のような芸人はなかなかできるもんじゃない。食えないんだ。お金が欲しかったら、他の商売をやりなさい。それでも我慢できるんだったら、良いだろう」

照政が、

「師匠、当人がどうしてもなりたいと言うのですから、職業に貴賤はないので、面倒を見て下さい」

と頭を下げました。

円歌師匠も目をつぶって考え、

「よし、いいだろう。今日から俺がお前の親だ。預かった以上は、五日市とは縁を切る」

と入門を許され、晴れて内弟子となりました。

「もう一度言いますが食えませんよ、お金が欲しかったらこの商売はあきらめなさい」

あたしも、

「はい、十分に承知しております」

と頭を下げてお願いをしました。

十時頃、

「おはようございます」

と、聞いた事のある声の人が玄関から入って来ました。

歌奴（注11）さんでした。

師匠が二階から、

「信夫！」

と大きな声で呼ぶと、目の前に現われました。初めて見たあたしは、

（ラジオで歌笑の「ジャズ風呂」をやっている人か・・・）

と感心し、円歌師匠が、

「治男の甥の勉だ、今日から弟子になって、お前の弟弟子だから、面倒を見てやってくれ」

と紹介をしてくれました。

派手なスーツに赤い縁の眼鏡を掛けた、肥満小型な人だな、と第一印象を感じました。

歌奴さんが、

「困ったら相談してくれよ」

と言葉を掛けてくれました。

本当に嬉しく思いました。

「辛いけど、終点のない職業だから、頑張って」

と励ましてくれたので、あたしも一息ついて、必ず一人前の落語家になろう、という決意がますます強まって行くのを感じました。

歌奴さんは真打の準備やら、仕事の関係やらで、円歌師匠に挨拶をし、二言三言と言葉を交わして、

「姉さん、ご心配なく」

と言葉を掛けると、すぐに出掛けて行きました。

歌奴さんが帰ると、歌太郎（注12）さんという、一番弟子が入って来ました。

人の良さそうな、悪く言うと頼りない感じがしました。

次に一番下の弟子で、歌橘（注13）さんという、いかにも調子が良さそうな人が来ました。

師匠があたしの紹介をしてくれました。

あたしも、

「今度内弟子になりましたので、よろしくお願いいたします」

と頭を下げて、ついに落語家へのスタートを切りました。


母、照政、二二子が帰ることになると、師匠から
「表まで送って行きなさい」

と言われました。

「師匠を親と思って頑張りなさい。先代歌笑も、天国からお前を守っているから」

二二子はあたしに、

「治ちゃんがよく言っていました。本を読み、心で泣いて、笑顔を絶やさずに。もう踵を返すことはできないから、迷った時は必ず思い出しなさい」

と言い、涙が出る程嬉しく感じました。

母も照政も、

「半端な、浮華《ふか》な芸人になるな」

とあたしに告げてタクシーに乗り、帰って行きました。

あたしは心から今までのわがままを詫び、円歌師匠の弟子になったという、それまでの人生

で得かねた感慨を抱きました。

内弟子修行

近頃は内弟子というものはほとんど取りません。マンション暮らし、アパート暮らしでゆとりのない師匠が多いためです。

あたしの頃は逆で、内弟子でないと弟子に取ってくれない、という時代でしたので、稼ぎが無いので弟子が取れない師匠も何人もいたものです。

今は親元から通う人、近所にアパートを借りて師匠の家に通う弟子、と色々ありますが、経済的にしっかりした家の者でないと、落語家になりたくても無理な話です。

円歌師匠にとって、あたしは初めての内弟子でした。物置部屋をリサイクルして、あたしの部屋にしてくれました。

師匠の家に戻り、玄関から入ると、奥さんに叱られました。

「客ではないから、裏口から入りなさい。表から入れるのは真打になった時だよ」

謝って、師匠の部屋に行くと、

「俺よりも、四六時中いるかみさんに一番はまることだ」

と教えて頂きました。

師匠が寄席にマネージャーの車で出掛けて行くのを見送り、自分の荷物の整理をすると母屋に呼ばれ、奥さんから家事を大雑把に教わりました。

部屋には当時はまだ普及していないテレビがあり驚き、トイレも水洗でまた驚き、女中さんが二人もいた事にも驚きました。

師匠の世話と勝手の方、と分担していました。

夕方になると掃除が始まります。

新築の総檜、釘が一本も打っていない材料で、水は便所、玄関を除いて使用禁止で全てワックス、廊下は豆腐屋から雪花菜《きらず》を買ってきて乾拭きでした。

田舎にいた時から掃除はしていましたので、苦になりませんで、自然に張り切りました。

その次は犬の散歩です。運動不足である犬は、三十分は散歩させるように、と言われました。

二匹一緒にするとケンカするので、一匹ずつ連れて一時間掛けて熊の前から新三河島まで歩くのが日課になりました。

夜になり師匠のお帰りとなると、表から合図のクラクションが鳴り、女中とあたしが表まで飛び出して迎えに行きました。

おかえりなさいまし、と師匠の鞄を持って、師匠の部屋へ行き着替えの手伝いをします。

自家風呂があるのに銭湯につかるのが師匠の楽しみで、あたしも一緒に行って師匠の体を流すと、周囲の人がジロジロ見て、

「落語家のタマゴだ」

とささやいているのが聞こえてきたものでした。

当時は必ず三助（注14）がいて、体を流して、マッサージをする音が響いて、なんともいえない光景でした。

あたしも手拭いで前を隠して円歌師匠の肩をマッサージし、全部終わって急いで自分の体を洗って師匠よりも早く上がり、師匠の体を拭き、着替えを手伝うのも修業でありました。

師匠が寝床に入り、

「勉、何かできるか？　治男の純情詩集をやってみてくれ」

と注文され、純情詩集を喋り出すと、師匠はいびきをかいて眠りにつきます。

あたしがいつまでも喋っていると、下の部屋から奥さんが、

「いつまで稽古をしてるんだ、早く寝かしなさい」

これで一日が終わりました。

こわい奥さん

師匠の奥さんは、「おかみさん」と呼ばれることを嫌って、あたし達には
「おかあさん」

「奥さん」

と呼ばせていました。

この呼び方なら、気品がありそうなものですが、奥さんのお兄さんが相撲取りだったとかで、奥さんもデップリと太っていて、笑うとものすごい顔になるし、普段は口をへの字にして、睨みをきかせていました。

奥さんがテレビを見ている所を通りかかると、肩を少し上げて、あたしに

「肩をもめッ」

という合図をします。

ここでは、

「おもみしましょうか」

と頭におの字をつけて返事をしないと怒られました。

言葉には厳しい人で、あたしが電話に出て応対していると、お構いなしに
「そういう言葉じゃないよッ！」

と怒鳴り声が聞こえてきたものです。

女中さん二人は栃木の生まれで訛りがあったため、電話に出ることが無く、奥さんも出ませんから、いつもあたしが電話番でしたが、怒られることにヒヤヒヤして、嫌な役でした。

あたしは家にいるよりもなるだけ師匠について、外の空気を吸いたい、と思っていましたが、どうやら師匠も同じだったようで、葛飾のお花茶屋に、お妾さんを住まわせて、仕事の時はいつも連れていました。

奥さんはそのことを知っていたのですが、何でもないように振舞っていました。それでもやっぱりストレスは溜まるようで、よくパチンコに行き、うさを晴らしていましたが、玉をジャン

ジャン出す大した腕前でした。

恐い人でしたが、根は優しい奥さんで、デパートのバーゲンがあると、よくあたしに服を買ってくれましたし、毎月小遣いも渡してくれました。

初めて小遣いをもらったときは、嬉しさであたしの買いたいものだけに使いましたが、奥さんから
「歌寿美（注15）、師匠に何か買ったかい」

と聞かれ、買っていないことを伝えると、

「駄目だよ、いつもお世話になっているんだから、そういう時に感謝を伝えなきゃいけないんだよ」

と注意されて、次の月から師匠にささやかな贈り物を買って渡しました。

こういった礼儀作法を教わって、役に立ったことがありました。

ご主人が先代歌笑と仲の良かった、大塚のマーケットの所へ顔を出したときに、歓迎されて帰りにバナナをもらいました。

当時のバナナは高級品ですから、あたしも嬉しくなって、

「ありがとうございます。帰って師匠に良いものを渡せます」

とお礼を言うと、

「歌寿美さん、師匠に贈るのかい、偉いもんだ、じゃ師匠のとは別にもう一つあげるから、自分で食べなさい」

と、もう一つバナナを渡してくれました。

家に帰って師匠に渡すと大変に喜んでくれて、奥さんも満足そうに、珍しく柔らかい笑顔でした。

いじわるな孫

家にはよく師匠の幼い孫が来ていましたが、この子は大人に囲まれて育っていたので、おじいさんは落語家の師匠で、あたし達は弟子だということをよく分かっていて、あたし達弟子を見下す意地悪な子でした。

家に上がる時は必ず靴をポンと脱ぎ散らかして、あたしが折角直してもまた散らかす、ということを繰り返したり、あたし達が掃除をして、座って休んでいる所へ来て、足を踏んづけていく、ということを会う度にするので、弟子一同が困り果てていました。

何とかお灸を据えてやろうと、あたしと歌橋、歌奴の三人でこの子を先頭に連れて行って、湯船に頭から逆さに入れました。

「おじいさんに言うんじゃねえぞ」

と釘を刺しましたが、案の定言うんですね。

師匠に三人呼び出されて、どう怒られるのかと思ったら、

「湯船に頭から入れやがって、うちの孫は海老天じゃねえ」

うまいことを言うもんだと感心してしまいました。

師匠は孫が意地悪をしていることを知っていて、こう洒落た叱り方をしてくれたんですね。

あたしもこういう風に、頭の回転が速い落語家になろう、と思いました。

噺の稽古

落語家のスタートは切ったものの、朝から晩まで掃除と犬の散歩で毎日が明け暮れて、肝心の落語の稽古はしてくれないので、不安を感じ始めました。

師匠が兄弟子の歌太郎に、

「勉に稽古をしてやってくれ」

と言いました。

ほかの弟子は毎日は来ないのですが、歌太郎だけは毎日市川から京成電車に乗って来ていました。

不思議に思いましたら、子供が多く、しかも仕事もないので生活が大変だったのです。

歌太郎は要領が悪い人でした。

あたしと二人で、例のお花茶屋のお妾さんの所におつかいに行って、小遣いをもらったことがありました。

あたしは家に帰って、

「師匠、お小遣いを頂きました」

と伝えて、

「そうか、大切に使いなさい」

と言ってもらったのですが、歌太郎は何も伝えず、師匠から
「歌太郎、小遣いもらったんじゃないのか」

と言われて、

「アッ、・・頂きました」

と初めて言うものですから、

「馬鹿野郎、歌寿美はちゃんと言いに来たのに、何で黙ってるんだ！」

と怒られていました。

そういった所が売れない原因なのですが、おまけに芸が地味ときていて、師匠が仕事を探してやっても、外からお呼びがかからず、弟弟子の歌奴に先を越されて自暴自棄の毎日で、酒に明け暮れていました。

そんな兄弟子、歌太郎を見て、あたしは、頑張ろう、と思いました。

稽古してもらうのには最適な人で、師匠から教えて頂いた通りに、くずさず、一語一句違いの無いように稽古をしてくれました。

あたしに、師匠以外で前座のイロハを教えてくれた恩人なのです。

「浮世根問」という無学者の落語でした。

実は落語よりも太鼓の上手な人で、必ずバチを持って師匠の家まで通っていました。

昭和三十年代はラジオの全盛期で、放送局から電話が掛かり、鳴り物の仕事が入って来ると、歌太郎と共にアルバイトで有楽町のビデオホール（注16）に行きました。

ギャラがもらえて無罪放免、師匠の家から自由になれる所でしたので欣喜雀躍して出掛けて行きました。

三ヶ月位経った時に師匠から、

「稽古をしてやるから、浴衣に着替えて二階に来るように」

と初めて言われ、帳面を持って二階に行くと、三回通して、口伝で稽古をつけてくれました。

吃音であったため口跡が悪く、なかなか覚えられず苦労したものです。

稽古は厳しい師匠でした。

当時はカセットを使う事は許されません。

すぐに教わった通りにやるのですが、覚えられないと、師匠は
「この位の落語を覚えられないのなら、田舎に帰りなさい。明日までに
覚えておくように」

と、一応稽古は終わるのですが、あたしは眠れませんでした。

次の日、歌太郎が来ると、

「一杯飲ませるから」

と連れ出してくれ、忘れた所を教えてくれました。

また掃除をして、師匠の部屋に行き、

「師匠、稽古をお願いします」

と頼みに行きました。

歌太郎も一緒に見ていました。

「やってごらん」と言われ、教わった通りに喋るのですが、まず
「声が小さい」

と怒られます。途中で噺がつかえると、

「田舎に帰れ！」

と殴られました。

最後は、師匠は歌太郎を連れて下の部屋へと降りてしまいました。

あたしは一生懸命、思い出しながら稽古を一人でつけているのですが、下の部屋から
「聞こえないぞ！」

と叱られました。

下の部屋で聞いていたんですネ。

「今日はこの位で、明日までに覚えておくように」

と言ってくれたので、ほっと一息つきました。


犬の散歩をしながら稽古をしていると、赤土交番で呼び止められ、

「なんだ、一人でブツブツ喋って」

と、精神異常者と間違えられました。

「落語家です」

と言ったら、

「一席やってみろ」

と言われ、稽古と思ってやると、

「頑張るんだぞ」

と、お茶を入れて飲ましてくれました。


久し振りに歌奴が師匠の家に来ました。

玄関から入ってきて、

「兄さん、おはようございます」

と挨拶をすると、師匠が
「信夫、勉に治男の演っていた「ジャズ風呂」を教えてやってくれ」

と、当時歌奴が十八番として高座で喋っていた落語を稽古して頂き、最高に嬉しく思いました。

稽古は円歌師匠よりも優しく、途中で
「歌笑兄さんは、こんな風にやっていたから、感性でやる事だよ」

と簡潔に教えてくれました。

あたしは幸福ものだ、と田舎から持ってきた布団の中で涙が流れるのを抑えられませんでした。

修行の道

近所の人達とも顔見知りになると、犬の散歩の時など、

「頑張れよ！」

と声を掛けてくれます。

明治通りを散歩していると、「西多摩運送」とか「多摩運送」と書かれたトラックを見ると、望郷の念にかられてホームシックにかかり、辛い修業が嫌になって田舎に帰りたくなりましたが、縁を切られていて戻る家が無いので、淋しい思いをしました。

こんな時、落語家にならないで、親の言う事を素直に聞けばよかったな、と思いましたが、踵を返すことはできません。

師匠からは、

「噺が上手になるのは稽古だけだ」

と耳にタコができる位言われました。

内弟子の一日の長く感じる事、朝は一番先に起きて掃除にかかり、庭そうじも片付く頃に師匠が起きだすので、師匠の布団をあげて掃除にかかり、犬の散歩も終わると、食事でした。

朝はおしんこだけ、夕方は一匹魚がついてくる二食で、空腹に耐えませんが修業の身です。

「昔から、芸人で大食いの奴で利達した奴はいない」

と真剣な顔で言われると、おかわりができません。落語のネタに、

「ひもじさと、寒さと恋とを比ぶれば、恥ずかしながらひもじさが先」

とあるのはまったくです。


師匠はあまり酒を飲まない人でした。

子供がいきなり大人になった様な無邪気な性格でしたので、陽気な性格の歌奴が一番はまっていたように思います。

他の弟子よりも要領が良く、披瀝《ひれき》の使い方の上手な、遺漏のなさが師匠に気に入られたのだ、と思いました。

夕ごはんの時、師匠が鮪の刺身で食事をしていて、

「勉、刺身が食べたいか？」

「はい」と答えると、

「そうか、早く出世しろ」

と愛犬にやってしまった時、あたしには師匠の顔が鬼のように見えて、痴れ事をする師匠を選んだ自分を情けなく思いました。

今考えると、あたしに期待をしていた、という愛のムチだと思え、感謝で一杯です。

名前を貰う

秋風が吹き、歌奴の真打披露が十月から始まり、あたしも入門して五ヶ月目で名前を頂きました。

円歌師匠の前座名で歌寿美、やっと師匠が認めてくれたのです。

「歌寿美は俺が前座の時にもらった名だ、期待をしているぞ」

と言ってくれた時、たとえ嘘でも嬉しく感じました。

後で聞いたら、

「お前はボーッとしていて、「かすみ」のようだから」

と言われ、ほぞを噛む思いでした。


十月に寄席に見習いとして出してもらえる事になり、兄弟子の歌太郎や師匠からの厳しい三遍稽古が始まりました。

何と言っても最後の仕上げでしたので、とにかく厳しく、辛いものでした。

期待と優しさであると分かっていても、なんとも理不尽に思えてなりませんでした。

「稽古をつけてやる」

と言われると、震え上がったものでした。

「頭の中を空にして、噺だけに集中しなさい」

とアドバイスされて、稽古に入ります。

師匠は身振り手振りを交えて、高座で喋っているように三回喋ってくれます。

終わるとあたしが、師匠の通りに、オウム返しで喋り出します。

「そこん所が違う、意味が分かってないな、こう喋るんだ」

とすぐに駄目出しです。

「今日はもうこの位で、明日までに完全に仕上げておくように」

と、噺の稽古が終ると、次は太鼓の稽古です。

「寄席に行くとまず、太鼓が打てないと前座にしてもらえないから」

と、一番太鼓、二番太鼓、追出しの稽古です。

近所迷惑になるといけないからと、扇子に布を巻いて、自分の膝を太鼓代わりに打つので、真っ赤に腫れあがって痛くて眠れない日々が続いたものです。

名残が今も痣《あざ》となって残っていますが、今は楽しい、懐かしい思い出として、人生負けそうになった時、見ると元気を与えてもらっています。

寄席に入る前、本牧亭(注17)で「円歌独演会」がありました。

それがあたしの初高座でした。

教わった「子ほめ」という落語をやりましたが、間も何もあったものではなく、ただ忘れないで最後まで一席演じきることだけを考えて夢中で喋りました。

帰って来て、師匠に怒られました。

自分の演出でフランク永井（注18）の「有楽町であいましょう」を入れたりしたことが逆鱗に触れ、

「俺の弟子にはしておけない。五日市に帰れ！」

すぐに大塚の二二子に電話をしてあくる日、詫びてもらい許してもらえました。

寄席に入ってから分かった事ですが、円歌師匠は教えた落語を直されるのが嫌いな人でした。

他の師匠は直しても怒らない人もいて、十人十色だと思いました。

それからは、なんとか師匠の眼鏡にかなうように、言われた通りに稽古をしたものです。

当時としては珍しい旧制中学卒業の師匠でしたので、字の達筆な事、語彙の知識の豊富な事、
あたしは師匠の自慢ができました。

九月三十日の夜、師匠から、

「十月一日付で協会員になって、寄席に出られることになった。おめでとう」

と言われました。

奥さんからも、

「おめでとう。師匠に感謝しなさい」

と、お祝いに師匠の古い着物を頂いて、お礼を言いました。

「俺の顔に泥を塗らないように、円歌の弟子として頑張ってくれ」

と言われた時、先代歌笑や親、迷惑を掛け励ましてくれた色々な人の顔が浮かんで、感謝せずにはいられませんでした。

前座の仕事

いよいよ寄席に行く当日となり、いつものように掃除を済まして、師匠に挨拶をして、朝食を頂いたのですが、御膳の上に、墨痕鮮やかに
「祝三遊亭歌寿美」

と書いた名前が置いてあり、尾頭付きの秋刀魚が付いていていました。

定席の上野鈴本（注19）で、歌奴の披露興行の初日であったため、師匠も張り切っていました。

夜席でしたので、最後の稽古を済ませて師匠の家を出る時に、奥さんが切り火を戸口で切ってくれました。

一人前になりますように、というお祝いでした。

京成電車で新三河島から上野へ、師匠の鞄と自分の鞄を持って出掛けました。

昼席と夜席の交代で楽屋はごった返していました。

その上下座《げざ》部屋（お囃子）がいて、余計に狭さを感じさせました。

前座は開演三十分前に楽屋に入る事が義務付けられています。

先輩の前座が一番太鼓を打ち、ガスコンロで火を起こして火鉢に火を入れます。

お湯を沸かして、いつでも先輩や師匠方にお茶を入れられるように準備を整えるのも前座の大切な仕事です。

その頃には下座さんも交代してお囃子部屋に入り、二ツ目の兄さん達も楽屋で自分の出番を待っています。

なかには二ツ目でも高座に上がる事はできず、割《わり》（給金）だけを取りに来る人や、自分の師匠が楽屋入りする寸前に入ってきて師匠の高座が終わると帰ってしまう先輩が大勢いました。

寄席が少ない所に落語家が大勢居すぎたためで、一時は三年間弟子を取ってはならん、という法則が協会でできた程、昭和三十年代は志願者が多くいました。

繁栄に繋がる良い傾向でしたが、深刻な問題もあったようです。

封建的な縦割りの世界ですので上下関係が厳しく、先輩は「兄《あに》さん」と呼び真打は勿論「師匠」、この呼び方は絶対に変わる事はありません。


鈴本の従業員の八木さんという人が開演の合図をします。

先輩の前座さん、下座さん、鈴本の従業員にも、

「円歌の弟子になりました歌寿美でございます」

と挨拶をして、三人の同期が新しく前座となってスタートしました。

春風亭柳枝（注20）門下の枝吉（注21）（師匠亡き後三遊亭円生門下となって円弥）、橘家円蔵（注22）（七代目）門下の三蔵（注23）とあたしです。

二人ともあたしより年上で、お互いに切磋琢磨して頑張ろう、と誓い合いました。

着到《ちゃくとう》を待って開演です。三味線は下座のおばさんが弾き、笛、ヨスケ（当たり鐘）は全部、前座の仕事です。

古参の前座さんが鳴り物をやり、新参のあたし達は、お茶とか、師匠方の着物の整理です。

前座の頭がネタ帳をつけ、楽屋を仕切って時間のやりくりをします。

歌奴の披露興行のためか、客席は満員でした。

当時は必ず、鈴本の大旦那の鈴木孝太郎という人が楽屋に座って、休む師匠がいないか、高座を怠けないかと、雑談をしながら睨みを利かせて監視していました。

自分の師匠が楽屋入りをすると、そこの弟子がお茶を入れて師匠に出すのが常でした。

師匠方によりお茶の入れ方、好みが違うので覚えるまでが大変です。

濃いお茶の師匠、白湯しか飲まない師匠もいました。

ちなみに円歌師匠はあまり楽屋のお茶を飲まない人でした。

高座がえしは前座の大切な仕事で、師匠方により、奥に座る人や前に座る師匠もいるので、結構気骨が折れるものでした。

性格かくせか分かりませんが、正蔵（注24）師匠は必ず座布団を直しました。

当時は楽屋入りの時の服装が、洋服と着物で半々だったように思います。

着物を畳んだり、下駄を揃えたり、雨の日は下駄の爪革《つまかわ》（注25）を拭く、そんな小さな気配りも師匠方に名前を覚えて頂くためには大切な事でした。

七時頃になりますと、鬱陶しい空気を払ってくれるように楽屋が明るくなり、志ん生（注26）師、円生（注27）師、さん馬（注28）師（九代目桂文治）が楽屋に入って来て光芒《こうぼう》を放っていました。

六十代の、脂の乗っている師匠方の身の回りの手伝いができる喜びを感じたものです。

お座敷（営業）の関係で出番を変える師匠がいると大変です。

「おい早く上げとくれ」

「冗談言うな、俺だって自分の出番の所に上がらなきゃ間に合わない」

と、売れていない師匠は妥協しません。つまり嫉妬です。

これをうまく捌ければ一人前の立前座、二ツ目に近い所にいる人です。

芸人も無くて七癖、一癖も二癖もある集団ですから気紛れで、体の調子とか、客が敏感に反応したりすると、時間を延ばしたり縮めたりします。これには前座は往生します。

調節すると言ってもみんな大先輩ですから、おそるおそる、

「師匠、時間が延びておりますので短くお願いします」

と頭を下げると、特に正蔵師は、

「馬鹿野郎、こっちはおめえが生まれる前からの噺家だ、てめえの指図なんか受けなくったって分かってらあ」

と、たとえ五分でも「からぬけ」とかの小噺で高座を下りてくれた師匠でした。

寄席の出番は主任の時以外は必ず中入り前だったように記憶しています。

昔気質な師匠でした。

寄席番組の構成は、一時間の中に色物（漫才、手品、講談等）が一本入り、後は全部落語で埋まります。東京の寄席は落語主体で運営していたからで、

楽屋の出番表も落語は黒字、色物は赤字と区別されていました。

主任の前の色物は色物の中では真打級の人で、あまり喋らず、主任に迷惑を掛けずに、高座を温めて（やりやすくして）下りるのが仕事ですので、実力者でないと務まりません。

広くない楽屋の真中に火鉢が置いてあり、これを囲んで烏合の衆のように集っているように見えますが、秩序は保たれていて主任の座る場所が決まっているのですが若い真打さんの場合は、先輩の手前遠慮して座らないといけませんが、

中には先輩で、

「キミは主任なんだから座りなさい」

と勧めてくれる師匠もいました。

楽屋では、本を読みながら出番を待つ師匠や、高座そのままの身振り手振りよろしく喋る師匠、一言も喋らない師匠と色々です。

喋る職業で、男だけの世界ですから、一般社会では考えられない駄洒落とか隠語が飛び出し

て遠慮が無いので、気持ちも若いせいか年寄りには見えません。

この師匠がこんな事を！　と大発見する事もしばしばで、和気あいあいのあったかい家族的な雰囲気で、楽しくもあり、面白くもあり、自分の芸の肥やしにしなければならない先輩の噺を聞ける所です。

見習い前座の時は、お茶を出したり、着物を畳みながら、高座から聞こえてくる落語が耳に入っておかしくなる事もあり、笑って叱られる事もありましたが、一年も経つと噺を知り尽くし、師匠達の癖も自然とわかって来ますので、客席が沸いてもくすりともしませんが、師匠達が隠語を使って女性の話をしたり、円生師匠がよく楽屋を楽しませてくれたものです。

また噺をトチったりすると、客席の人には分かりませんが楽屋は大笑いで、客席が不審になり楽屋の方を見たりします。

あたしが入った時は、今は珍しい生涯前座という先輩もいましたネ。

正吉さんといって、馬楽（注29）師のおじに当る人で、食えないからと前座で通し高座には上がらず、根多帳といって、昔の大福帳のように細長い帳面に、出演者の当日演じたネタを筆で書くだけが仕事で、年寄りでしたので能書きの多い、口うるさい人でした。

正吉さんも人の子で、袖の下から「わいろ」をもらう所ところッと変る性格でしたので、あたしの師匠も早く高座に上がりたい時は、握らせていたのを見たものです。

高座に落語家が投げた羽織を引くのも又、前座の仕事です。後の出演者の楽屋入りが遅くなったりすると、時間を知らせるために落語家が投げる訳ですので、やたらに引く訳にはいきません。

芸人が楽屋に入れば、早く引いて知らせなければなりませんが、噺の邪魔にならない、笑った隙に片付けます。最初はタイミングが分からず、

「あんな所で引かれちゃ、客の気持ちが散ってしょうがねぇ」

と、円蔵師はよく怒りましたが、今になると、よく理解できます。時間をつないでやり、高座をぶち壊されたら、踏んだり蹴ったりですものね。

田舎出のあたしは、知らない落語の題名が分からず苦労したものです。

「師匠、今お演りになった噺は何という題名ですか・・・?」

素直に答えてくれる師匠や、何年前座をやってるんだい、と嫌味を言う師匠などもいて、な

るべく先輩の二ツ目さんから聞いて根多帳をつけたものです。

厳しかった小勝師匠

落語家を志す人は、真打（主任）になって一芝居（十日）自分の好きなネタをやりたいためになる訳です。

今は寄席に来る方は、時間をつぶすためとか、寄席の前を通ったら、テレビで見た人の名前が出ていたから、という人が多いですが、あたしの前座の頃は、看板を見て、

「主任は誰ですか」

とか、

「あの芸人さんは何時に高座に上がりますか」

と聞いて見える方が大勢いましたが、今は時代の変化で少なくなってしまい、非常に残念でなりません。

あたしの師匠は、客席に洋服を着させたあたしを置いて、サクラで
「呼び出し電話！」
とか
「ボロタク！」
と、師匠の十八番を注文させた事も、客がかぶった（満員）の時はありました。
売れていた師匠でしたので、ギリギリに飛び込んで入る事もしばしばでしたが、
人のやらない噺をやるので他の師匠達とネタが重複する事はあまりありませんでしたので、
根多帳を見ずに高座に上がっても平気でしたが、他の師匠達は大変です。
楽屋から、高座の袖に根多帳を出したり、大きな声で「出ました！」と合図をすると別の噺をやりますが、ある時うるさい小勝（注30）師匠に、知らせずにやらせてしまった事もあり、
「今日の客はセコキン（変な客）だ」
と受けないために怒っていた事もありました。
誰かがやっていますので受けない訳で、客席もあっけにとられていました。
小勝師の弟子は大勢いましたが、あまりに厳しいために廃業した人が多く、いまの小勝（注31）

位しか残っていません。

真面目な性格で曲がった事の嫌いな師匠ですから、他の弟子でもすぐにびんたが飛んだものです。

この師匠の弟子に勝丸（注32）という前座がいまして、川崎の旅館の息子で中卒で落語家になった人でした。

当時の小勝師匠はラジオ東京（現ＴＢＳ）の専属で、ディレクターの出口一雄（注33）さんが楽屋に遊びに来ていまして、勝丸に
「君、師匠が休席になったが、体の具合はどうだ？」

と聞くと、急に
「ご容体が悪化いたしました」

と言ったもんだから大変です。

小勝師の家にマスコミから電話が掛かり、

「師匠の具合はいかがです」

とジャンジャン鳴り通し、後で勝丸は師匠に殴られて大変でした。

難しい言葉を使えば良い、とボキャブラリーの無さを棚に上げて、こういった羽目になった

のでした。

こういう抜けた所がいかにも落語家らしく、化ける要素を持った人でした。

落語家のいろは

今の東京には、寄席が四軒ありますが、あたしの入門した頃は、人形町末広（注34）、横浜相鉄場（注35）、川崎演芸場（注36）、目黒名人会（注37）等、修業する場所が何軒もございましたが、今はすっかりビルに変わったりして、時代の変化を感じます。

寄席は上（かみ）、中（なか）、下（しも）と十日間で一区切り、出演者も全部変わります。

東京の協会は落語協会と落語芸術協会と二つあり、寄席に出演したくても協会に所属していないと高座に上がる事はできません。

先代歌笑は金馬（注38）師の弟子でしたが、当時の金馬師は東宝名人会（注39）専属のため寄席に出ることはできず、弟子の円歌師の預り弟子となり寄席に出られるようになったのでした。

人気者の落語家でも協会に入会していないと、ホール寄席とか地域寄席以外では顔を合わす事はできない訳です。

上席が落語協会、中席が落語芸術協会、というように交互に打つ（使う）事になっています。

昔から両協会でお互いに切磋琢磨し、鎬を削っていましたが、今はだいぶ薄れてきたようです。

出番を決める事を「顔付け」と云って、席亭と支配人、協会の理事と協会事務員が楽屋に集って、（昔は十日間の主任の落語家も必ず出席しました）決める作業ですが大変です。なにしろ十日間の出番を決める訳ですから、席亭側は客を呼ぶ落語家が欲しいのが人情です。

協会側は一人でも多くの芸人を高座に上げたいと、口角泡を飛ばしての議論が始まります。

昔は席亭側が一歩下がったのですが、今は寄席が少ないために、寄席側に譲歩せざるを得ませんので、地味な落語家はなかなか高座に上がる機会が無いので、死活問題です。

でも一度入った道ですので、辞めて転職する人がいないのが不思議ですね。

力関係ですので、実力者の落語家の言う事だと、強硬な席亭でもまま通る事もあり、

「師匠の所の弟子だから、目をつぶりましょう」

と高座の出番を作らせます。

こんな師匠を持った弟子は幸福もので、他の人から羨望のまなざしで見られます。

芸人になっても高座に上がれない人は、歌を忘れたカナリヤと同じで、酒で紛らし徐々に真綿で首を絞める如く駄目になって行きます。

この世界は特に、足は引っ張るが手を差し伸べてくれない、という料簡の狭い所なのです。

楽屋は不思議な所で、売れている芸人の所には、ハイエナの如く芸人が集まって身の回りの世話をします。

つまり仕事がもらいたいという単純なヨイショなのです。

円鏡兄さんと「道灌」

当時升蔵（注40）から円鏡となり真打となった先輩（八代目橘家円蔵）が、二ツ目時代にはなかなか売れず、高座にも上げてもらえず楽屋で燻っていた時は人が集まらず、売れてくると当人はうっとうしいと思うほど仲間が寄って持ち上げるので、

「今日の楽屋の前座は何人だ？」

と御馳走してくれます。あたしもずいぶん食べさせて頂いたものです。

気障な事をしても嫌味に思われない所も、苦労人の感性のなせる技だったのでしょうか・・・。

先代歌笑の関係で、前座の頃には円鏡兄さんには稽古もしてもらって、目を掛けて頂きました。

弁当を持参して楽屋入りをしてくる時もあり、

「半分食べな」

と必ず食べさせてくれます。当時は飽食ではない時代でしたので芳情に甘えて、その弁当の旨かった事（ヨイショ）、人情のある先輩で、父親が亡くなった時、平井のガードをくぐって川沿いにある家まで行った時、号泣していたのが目に浮かびます。

売れてるねェー、と言われれば普通は、いえ、暇ですので仕事を下さい、と言いますが兄さんは逆で、寝る暇もないほど忙しくて、と平気で言ってもシャレで通る所が、人間性のためか違和感を感じさせない、類いまれな落語家でしたね。


そんな円鏡兄さんからは「道灌」という落語を口伝で稽古してもらったのですが、これにはちょっと苦い思い出があります。

教わった数日後、ビデオホールでニッポン放送の中継があり、あたしは前座で出演することになり、この「道淹」を演ることになりました。

当日になって、円歌師匠から、

「歌寿美、今、道淹をやってみろ」

と言われて、あたしが演じ出すと、

「何だ、間違ってるぞ、ここはこうやるんだ、こう・・・」

とほとんど全部直されてしまったのです。

師匠は、弟子の出ている放送を欠かさずチェックしていましたから、あたしは直された通りに演らなければなりません。

所が当日の朝に言われたものですから、直そうとしても直るものではありません。行きの電車でも必死に稽古しましたが、どうしても円鏡兄さんの型になってしまいます。

開場に着いて、とうとうあたしの出番になって、舞台に上がったとたん、全てを忘れてしまい、頭が真っ白になりました。

あたしは頭を抱えながら、

「・・・弱ったなァ、弱ったなァ・・・」

と呟いていると、お客がクスグリだと勘違いして笑い出しました。

そうなると余計に頭が混乱して、あたしは
「弱ったなァ」と言ったきり、舞台を降りてしまいました。
この時、客席には小島貞二(注41)さんがいて、後にこの時の様子を本に書いて下さったのですが、あの後しばらく、あたしの仇名は「ミスター・弱ったなァ」というみっともないものになってしまいました。

ライバル・三平と歌奴

芸人にとって売れる事はこの上ない事ですが、手帳を出して
「エーと今日はテレビ局が終わると次はあそこと、夜はお座敷で最後が雑誌のインタビューで・・・」

と、わざと売れている所を誇示する芸人もいますが、楽屋は暇な人が大勢いますので、人気が下がった時は一人蚊帳の外になってしまいます。

「実るほど頭をたれる稲穂かな」という謙虚な気持ちでないといけません。

楽屋入りでも、売れている人と売れていない人では大変な違いがありまして、

五メートル前から急に駆け出して息せき切って駆けつけるなどして多忙な所を見せる人もいますが、災いが福となり、

「あの落語家は偉い。うちの寄席、ひいてはファンを大切にする」

と、席亭にはまる事もあります。

当時の落語界で売れていた若手は、歌奴と林家三平（注42）、この二人でした。

二ツ目で上野鈴本の通りを取る程の人気でしたが、二人とも先代歌笑の影響を受けていました。

歌奴はまだ歌治といった前座の頃、よく先代のカバン持ちなどで付いて来ていて、あたしも何度か見掛けたことがありました。

三平も先代に付いて芸を学んでいて、袴を捲《まく》って舞台から退場したり、草履をポンと飛ばすというような、大劇場の広い舞台でも見栄えがする芸を先代から教わっていました。

二人はライバル同士の関係で、特に歌奴は対抗意識をむき出しにして、方々の高座や舞台で三平をこき下ろすようなことを喋っていました。

あたしは少し心配になって、三平に、

「兄さん、歌奴兄さんが言っているあれ、言い返さないの？」

と訊いたことがありました。

三平は、

「言い返すもんか。何と言われようと、向こうが方々で俺のことを喋ったら、俺の名前の宣伝になるだろう。

俺が歌奴のことを喋ったら、向こうの宣伝になっちまうだろう。

だから放っときゃいいんだ」

と、きっぱりと答えました。

あたしは、なんて頭の良い人なんだろう、と感心しました。

「浅い」芸人たち

当たり前のことですが、売れている人がいれば、売れていない人がいます。

寄席の出番は、売れていれば売れているほど、中入り前などの、開演から時間の経った、トリに近い所に割り当てられます。

たとえば昼席なら、十二時開演ですから、十四時頃が売れている人の出番なのです。

これを落語家の符丁では「深い」出番と言います。

反対に売れていない人が上がる、開演からすぐの所を「浅い」出番と言います。

この浅い出番の人達にも、個性豊かな顔ぶれがありました。

三遊亭小円朝（三代目）（注43）という人は、若い頃は仲間うちで将来を期待された、上手い人でしたが、あまり売れていませんでした。

背の低い、五尺に足りないほどの人でした。

あたしがこの師匠に羽織を着せようとしたときに、なぜか衣紋掛けを外さないまま着せてしまい、奴凧《やっこだこ》みたいに肩をつっぱらかってしまい、怒られたことがあります。

プライドが高い師匠で、近づき難い雰囲気がありましたが、東京大学の落語研究会の顧問をしていて、よく学生に教えに行っていました。

柳家つば女（注44）、四代目のつば女師匠、この人は本名を深津龍太郎といって、「深津のつば女」という仇名で、役者のような顔をしたいい男で、踊りが上手かった師匠でしたが、高座はいつも投げやりで、ぶっきらぼうに喋っていました。

と言っても悪い人ではなく、あたしも稽古をつけてもらったりしましたが、なんだかよく分からない話し方だったので、覚えずじまいでした。

古今亭志ん好（注45）、この人は自転車に乗って寄席に通っていて、声を震わせてひょろひょろと話していました。

何でも知ったかぶりをするので、「やかんの志ん好」という仇名で、楽屋に誰かが描いた、自転車の上に顔のついたやかんが描かれた絵が貼られていたこともありました。

志ん好師匠に聞いた話では、

「俺が北海道に行った頃は、まだ蝦夷地で、陸地じゃなくて海ばっかりで、帰ってきてからちゃんとした北海道ができたんだよ」

嘘ばっかりです。

皮肉屋・甚語楼師匠

古今亭甚語楼（注46）という人には、あたしはずいぶん可愛がってもらいました。

この師匠は癖のある人で、皆から嫌われていました。

楽屋にいると、

「君《チミ》ィ、君ィ、昔僕が売れてた頃はねェ・・」

と、売れていた頃など無いのですが、誰かれかまわず話し掛けるのが口癖で、あたしが円歌の弟子だと知ると、

「君ネ、円歌なんか僕のズゥーッと下だったんだよ」

なんと言われたことがありました。

高座に出る時は、デップリと太った大きな体を左右に揺らし、気取って舞台に上がり、

「お客さん、今出たのはね、全然駄目ですよ。駄目です」

と自分の前に出た芸人を貶《けな》していました。

そんな訳で、仲間うちの評判は悪く、楽屋に甚語楼師匠が来ると、黒門町（八代目桂文楽）（注47）や小勝師という幹部連中はスーッと居なくなりました。

ある時、あたしと二人で、不忍池から人形町まで電車に乗っていて、甚語楼師匠と車掌さんが揉めたことがありました。

その時も車掌さんに向かって、

「君ィ！　君はねェ、僕を知らないのかい、僕はねェ、古今亭甚語楼だぞ！」

と凄んでいましたが、車掌さんが知る訳はありません。

あたしは、

（この師匠と一緒にいるのは嫌だな・・・）

と思いましたが、その後あたしが二ツ目になって、甚語楼師匠から仕事をもらいました。

立川の方に師匠の親類がいて、そこで落語会を開いていたのです。

所が、会場に着くなり、師匠が倒れてしまいました。

あたしが舞台に上がって、ヨイショも込めながら、

「皆さん、今日のこの会は、私の大先輩であります、古今亭甚語楼師匠が全て用意して下さいました。本日は残念ながら、舞台に上がることはできませんでしたが、少しだけ皆様にご挨拶願いたいと思います」

と挨拶して、迎えに行くと、師匠は泣いていました。

あたしは重い重い師匠を負ぶって舞台に上げましたが、舞台の上でもずっと泣いていました。

師匠はこのことをとても喜んでくれて、

「歌笑って奴は偉いねえ・・」

と色々な人に話してくれました。

後日再び会がありましたが、あたしの予定が合わず、後輩に代演を頼みました。

所があたしの事を知らないので、その後輩は淡々と噺をして、高座を降りると、甚語楼師匠はカンカンになって、

「君ィ、駄目だよ君、歌笑はとてもよくやってくれたんだよ、懸命にやってくれたんだよ、それを何だい君は！」

と怒って、その後輩から、

「兄さん、困りましたよ・・・」

と泣きつかれたことがありました。

ちなみにこの師匠は「そば清」という噺が十八番で、下げの前に、

「ここにお越しのお客さまは、頭が良いのでお分かりかとは思いますが、一応、念のため、下げを申し上げます」

と断っていました。

根は良い人だった、甚語楼師匠の思い出です。

寄席いまむかし

昔は江戸っ子でないと入門を許されないものでしたが、今は東京生まれの人を探すのに苦労します。

北は北海道、南は九州沖縄まで、まるで相撲部屋と同じで、

「キミはどこの生まれだい」

「私スは東北の山形でス」

と、右を見ても左を見ても俚言だらけで、逆にあたたかみを感じたりもします。

今は女性の落語家も両協会に誕生しましたが、あたしの入った時には二人位でした。

笑点で人気者になった、トンチの利く梅橋（注48）のカミさんになった、柳橋（注49）師の弟子だった笑橋（注50）と、志ん生師の弟子で駒子（注51）といって、一年中着物で通した落語家で、あまり落語はやらずに小噺を三つ位して踊って高座を下り、色物的な存在でした。

男性社会の世界ですから、女性の落語家は、年頃になったりすると楽屋の連中と仲良くなり、

最後には結婚して家庭に入ってしまうので大成する前に廃業してしまう事が多く、師匠方も敬遠したようですが、今は立派に真打になる時代です。

寄席にも、定席と云って昼、夜興行する所と、端席と云って夜だけの寄席があります。今は廃席となってしまった人形町末広が、戦後焼け残った唯一の畳敷きの寄席で、情感あふれる味わいのある寄席でした。

トイレも客と共同で場内は薄暗く、木戸に席亭のカミさんが座って、客が入ると下足の札をパチンと楽屋に届くように鳴らし、開演の合図をしました。

昔は問屋街でしたので下町の気質の客が入ったり、浜町に近かったためか、芸者衆とかが来て盛況を極めたもんですが、周囲が証券会社に変貌すると、三時に会社が閉まるために、大看板を並べても客が入らず、芸人も実入りが少ない上に交通費が掛かるので出たがらなくなりました。

一人の客で八時頃までやる事もしばしば、ついには楽屋の火鉢の炭、お茶までが質の悪いものを出す始末でした。

ある時、亡くなった柳朝（注52）兄さんが、馬生（注53）師がおそらく「鰍沢」だったと思います

が、高座に上がっていた時に、焼芋屋が横を通ると、楽屋に呼んで
「舞台に向かって「焼芋ッ」と言ったら全部買ってやる」
と約束をしました。

物静かな馬生師ですので一生懸命喋っている所へ、
「焼芋！　、焼芋！」、

客席はドッと沸いてメチャクチャになりましたが、当人は気がつかないようでした。表を営業しているものと思っていたのか、それともあまりの馬鹿さ加減に怒る気力が消えうせたのか・・・？

あたしは太っ腹な師匠だと思ったものでした。

いたずらっ子柳朝

柳朝兄さんのいたずらはこれだけではありません。

海老一染之助、染太郎（注54）が高座に上がっていた時、舞台のうしろを通り抜けて帰宅し、

ハプニングを見た客は大笑い、怒ったのは弟の染之助で短慮な性格で、高座を下りると楽屋着のまま、すぐに柳朝宅に電話を入れて、

「ただじゃおかねえから、ぶっ殺して「米洗い」(お囃子)にするから覚悟をしとけ!」

柳朝は、

「明日当人に謝らせますから」

と他人事のように電話を切りました。

巻き添えを食ったのが、高座を下りて一服やっていた馬生師、お客さんから、

「あんたがいたのになぜ注意しないんだ!」

と怒鳴りこまれて、

「すいません、すいません・・・・・・」

と側杖を食って、踏んだり蹴ったりになっていました。

こんなことをしていましたが、柳朝という人は憎めない、懐の深い落語家でした。

あたしはなぜか可愛がられて、柳朝がまだ二つ目で、照蔵といった頃に、

「おい、歌笑、髪切りに行くぞ」

と誘ってくれて、二人で散髪をしたことがありました。

あたしが街を歩いていると、見知らぬ女性が近づいてきて、

「あの、歌笑さんでしょう」

「はい、そうですが、どうしてあたしを知ってるんですか」

「私、柳朝の家内です。主人がいつも噂をしておりますので・・・」

と、おかみさんに声を掛けてもらう事もありました。

新橋生まれの生粋の江戸っ子で、普段から正調の江戸弁を使っていました。

自分の師である正蔵師匠のことも、

「おやじ」

と呼んでいて、正蔵師も
「あんちゃん」

と呼ぶ間柄で、柳朝が気に入らないことがあると、出刃包丁を構えて勇むなんということもあったようですが、正蔵師匠はそんな所も含めて可愛がっていて、厳しい師弟関係だったあたしにはその様子が微笑ましく、とてもうらやましく思えました。

真打口上の思い出

落語家の目標は、真打になって看板を上げる事です。

あたしが前座として、兄弟子の歌奴の披露興行の手伝いができたのはラッキーでした。

師匠円歌が派手好きな人で、人生一度の経験だから思い出に残るようにと、花輪も入口から場内狭しと飾られて、舞台にはファンから送られた品物が左右に飾ってありました。

あたしは驚いて、人気の凄さを感じ、芸人は売れないと駄目だな、と衝撃を受けた事をついこの間のように思います。

高座のうしろには、贔屓から送られた幕を何枚も重ねて飾り、開演から当人の出番まで三十分毎に順番に替えて、雰囲気を変えるのがあたしの役目でした。

失敗のないように入念な打ち合わせをして、盛り上げるのに神経を使ったものです。

中入りが終わると口上です。

高座には赤い毛氈が敷かれて、真ん中に当人が座り、その両側に協会の会長とか、幹部連中がズラッと並びます。

拍子木が、場内に響くように気持ち良く細かく刻みこまれて、緞帳が静かに上がると、前座頭が
「東西、東西！」

師匠の円歌、志ん生、文楽の各師が口上を述べるのですが、性格が現れていました。

志ん生師は、

「ここに控えている歌奴が、兵隊の位で少尉になれた所ですので、末には大将になれるようにご支援を」

と客にお願いをします。

文楽師は、

「この歌奴は大変な親孝行で、ピカッと光るものを持っております。どうか皆さんの力で、末には一枚看板を立派に掲げられますようお願い致します」

と頭を下げます。

最後は師匠円歌の口上ですが、あたしの師匠を褒める訳ではありませんが、流石です。知識が豊富ですので、季節の事を混ぜて、気持ちが高ぶるように喋り出します。

色々喋って最後は、

「十日間興行しておりますのでどうか、お越しになれない時は木戸銭だけでも届けて頂ければ幸いです」

と結びます。あたしも師匠に口上をやってもらいたいと夢を見ながら頑張りましたが、残念な事にそれは叶いませんでした。

二ツ目・歌笑襲名

内弟子も三年経った頃、師匠から協会から二ツ目に許可が出て、昇進する事になったと伝えられました。

同期生三人、三蔵と枝吉とあたしが秋から紋付が着られる事になり、

「名前を改名して、気持ちを入れ変えて出発だ」

と言われました。昭和三十六年でした。

「俺は勉に歌笑を襲名させたいが、金馬の所の名前だから、根岸に行って許可を取ってこい。駄目なら自分で考えるんだ。俺だって歌奴という名前は自分で考えて大きくしたんだ」

と言われました。

二二子に相談しに行きました。

もし駄目なら、円歌の歌を取って付けてみると名前ができ上がりますが、あたしにはどうしても歌笑を継ぎたい気持ちがありました。

二二子と二人で根岸の金馬師のお宅を訪ねると、その気持ちが伝わったのでしょうか、一つ返事で
「お前が治男の名を継げ」

と言われ、二人で滂沱の如く涙を流し、止める事ができませんでした。

手を取り合って、子供の如くはしゃぎました。

尾久の円歌師匠に金馬師の家から電話を入れて、

「おかげ様で、継ぐ事ができました」

と報告をしたら、喜んでくれました。


金馬師匠は厳しい人で、稽古をつけてもらっても、

「お前達の噺を聞くと下手がうつる」

なんと言うのですが、男気があって、面倒見の良い師匠でした。

円歌師匠はコンプレックスがあり、神経質だったために、怒るとしばらく口を利いてくれないこともあったのですが、金馬師匠は一度叱って水に流す、細かいことを気にしない師匠でした。

あたしには金馬師匠の弟子達が羨ましく見えたこともあったのですが、円歌師匠には金馬師匠に勝《まさ》った、知性のある芸を持っていたので、神様はバランスよく人に才能を与えるものだと思いながら、二人の名人を眺めていました。


二十一才にして歌笑の名を頂き、新聞に、十二年振りに歌笑の名前が寄席に復活、と先代歌笑と仲の良かった、小島貞二さんが記事にしてくれました。

当時漫画家で人気だった富田英三(注55)さんもコラムに書いてくれ、寄席も上野の支配人だった伊藤光雄さんが目を掛けて下さったりしてくれたので、出番も、師匠の主任以外でも寄席の高座に上れました。

普通は二ツ目になると一人立ちの身になり自由にできますが、内弟子のあたしは年季が明けず、お礼奉公を三年せねばなりませんでした。

前座の時と同じ、朝から晩まで掃除と犬の散歩が日課です。
同期の二人は通い弟子で、高座が終わると自由に時間があるので遊びに行きましたが、あたしは誘われても師匠の家に帰らなければならず、師匠から
「俺の言う通りにしていれば良い」
と言われておりましたので、本当に仲の良い友達はいませんでした。

芸人の現実

普通なら二ツ目になると朝寝坊も酒も勝手にでき、高座の掛けもちもできるんですが、頭でっかちで寄席が少ない所へ二ツ目、真打が多すぎるために高座に上がれる機会が少なくなるのが通例でした。

順風満帆な人は、数多い落語家の中でも探すのに苦労する位しかいません。

そのような訳で、予備というものにまわされる事が多くなりました。

予備というのは、高座に穴が空いた時に代演をする人のことで、楽屋でお茶を飲んで雑談を

して、前座の手が足りない時は、鳴り物の手伝いをしたりもしました。

とは言っても当時の前座は五、六名いましたので、手伝う事もなく、予備も常に十名位いまして、楽屋が狭くなるので、高座に穴が空かないいい事を願って、そっと割をもらってずらかる時に限って穴が空き、幹部から
「何のための予備だ！」

と大目玉を食らって勤務評定も悪くなり、休席にさせられる事は日常茶飯事でした。

二ツ目になると売れたい、仕事がしたいという二つしか頭にありませんので、色々とプランを立てるのですが、世の中は甘くありません。

焦りは禁物ですが、

「俺はあいつにひけを取らないのに、なぜ認めてくれないのか」

と酒で気分を晴らす仲間をずいぶん見て来ました。

あたしが二ツ目になった時は、小ゑん（五代目立川談志）（注56）、柳朝、円鏡、全生（五代目三遊亭円楽）（注57）、志ん朝（注58）の先輩以外は、あまり仕事も無かったように思います。

全生は色の黒い、背の高い人で、楽屋で縕袍《どてら》を着ている地味な落語家だったように思います

が、口跡はしっかりした先輩だと感じたものです。

円楽さんは、うちの師匠の弟子になりたくて来たのですが、円歌師匠は通りませんでした。

師匠円歌は先見の明があったと思いますし、もしうちの師匠の弟子になっていたら、後の円楽は無かったのかも知れません。

人生は水の流れと同じで分からないものだとつくづく思います。

暮れと正月

二ツ目になって、暮れが一番忙しい時期です。

とは言っても寄席ではなく、大掃除のスケジュールで一杯でした。

朝から晩まで師匠の家を掃除して、寄席を休席にしてもらった程でした。

歌太郎とあたしの二人、たまに顔を出す歌奴が「ご苦労さん」と声を掛けてくれます。

勿論真打ですのでもう手伝いません。

歌太郎はよくあたしにボヤいていました。

俺は悔しい、それもその筈、歌奴は弟弟子であるのに、先を追い越された訳ですから。

実力の世界の厳しさを見て、

「兄さん、気にしないで、カメのようにソロソロ登れ富士の山、の気持ちで行きましょう」

と兄弟子を激励したものでした。

師匠の家の掃除が一週間位で終わると、今度は銀座にある、師匠の娘さんの家の大掃除です。

芸者でしたのでこわいひとでした。

三日間歌太郎と二人で、歌舞伎座の裏にあった三階建ての家に行きました。

玄関の上に神棚があって豊川稲荷が祀ってあり、女中さんが二人いましたので飾り物も沢山あったので、壊さないように気を遣いました。

帰るときは夕飯をご馳走してもらい、お小遣いを頂くと、途中で歌太郎と別れ、あたしは師匠の家に戻って奥さんに報告してから、今度は犬の散歩をするのでした。

前座の時に仲良くなった巡査からたまにむすびをもらったりして、人間のふれあいの温かさを感じました。


正月になると、師匠の家に弟子が全員集合して、挨拶をします。

内弟子のあたしは五時頃から起床して茶の間に料理を並べ、大変なものでした。

上座に師匠夫婦と息子さん、孫とマネージャーの相馬氏、次から弟子が歌太郎、歌奴、歌橘とあたしの順で座りました。

師匠が箸袋に各自の名前を書いて、置いてありました。

「おめでとうございます。今年も宜しく一年間円歌の弟子としてお願い致します」

と一人一人、挨拶をしました。

師匠は一人一人に違った言葉を用意してくれます。本当に有難いものです。

歌奴には、

「信夫、とにかく注目の的だ。今の芸を伸ばして、一年間繁栄のために頑張ってくれ」

あたしには、

「勉、芸は上手下手もない。実力が最後は勝つんだ。それには稽古を怠るな」

短い中に含蓄のある言葉でした。

料理を食べる箸袋の脇に、全員に「円歌」の判の押してあるお年玉袋があり、千円入っていたのを今でも覚えています。

師匠は、初席は横浜相鉄場の夜席の主任で、掛けもちの歌奴以外の弟子は夜まで寄席に行かないので、師匠方の家、贔屓の所に三三五五出掛けていきましたが、幸いにあたしは金馬師匠の所だけで済みました。

門松で破門沙汰

初席が終わり、あたしは大失敗をやらかしてしまったのでした。

正月に門柱の所に飾ってある門松を奥さんの仰せで片付けていましたが、竹が長いために、隣家から鋸を借りてきまして、すぐ燃えるように細かく切りました。

次の日、奥さんから
「勉、昨日の門松はどこにある」

と聞かれ、

「すぐ燃えるように、薪のようにして切ってあります」

と答えました。

「家では、あの竹は後で笹を切って、物干し竿にして使うのに」

あたしは謝ればいいのに、

「あたしの家では薪にして燃します」

と言ったので、さあ大変です。

「弟子のくせに、ここはお前の家じゃあない、師匠の家だ、破門だ！」

と騒ぎ出し、師匠もすぐに五日市の本家へ電話しました。

交換手が出て繋がるまで三十分位掛かる時代でした。

「すぐに東京まで来てくれ、勉を破門にする」

親も照政も二二子も、理由が分からずに、昼前に師匠の家に着きました。

二階の師匠の部屋に呼ばれ怒られましたが、あたしは悪いことをしたとは思っておりませんので、みんなが謝っている時に、師匠が
「勉、なぜ黙るんだ！」

いくら服従の世界でも、こんな理不尽な事があってはならぬと頭を下げませんでした。

師匠の怒りは高まり、殴られて、最後は噛み付かれましたが、涙は出ませんでした。

周りはオロオロするばかりで、何も言えません。

「反省しないのなら、俺から弟子に取った訳ではないので、五日市に連れて帰ってくれ」

心臓をえぐられたようにズシリと来て、とうとう謝り、許してもらいましたが、悪い時には悪いことが重なるもので、師匠が焦っていて、

「すぐに出掛けるから、「うわぎ」を取ってくれ」

と言わたのですが、あたしは「うなぎ」と間違えてうなぎ屋に電話をしてしまいました。新潟生まれの師匠でしたので、訛りがあったせいです。

再び集められた親と二二子はばつ悪そうにうなぎを食べて、どこに入ったかわからず、あたしの母は死ぬまで二度とうなぎを食べませんでした。

大阪巡業

師匠と初めて旅に出ることになり、大阪角座（注59）と京都花月（注60）に出演することが決まりました。

東京と違って大阪は、小屋ではなく劇場ですから、客の収容数が違いますので、東京の演出の仕方では受けないからと、「ボロタク」という師匠の売り物の噺を稽古してもらい、高座を

飛び跳ねたり、駆け回ったりする飛び道具入りの噺も教えて頂きました。

当時は夜行列車で、東京駅を夜十時に出発し、朝大阪に着きました。

弟子は全員見送りに行かねばなりません。師匠の旅は荷物が引越しの如くありました。

手品が好きな師匠で、着物以外に手品の道具を持って行くので、お供の私はトランクを二個持って、これは芸人というよりも赤帽（注61）と言った方が良いかも知れません。

師匠は一等寝台、あたしは三段ベッドの最上段、一時間前に支度をし、師匠を起こしに行きます。

大阪に着くと、角座の従業員が迎えに来てくれていて、荷物を全部持ってくれました。

東京と違って、前座でも二ツ目でも品物として芸人を見てくれるので、

「師匠、おはようございます」

と言われた時は、照れ臭くなりました。

あたしの高座はトップの出番で、初日はすぐに楽屋に入り挨拶をしました。

開口一番でも、お客が三千人位入っていて、あまりの劇場の大きさに驚きました。

先代歌笑も出演した所で、客席から
「先代に負けるな！　兄貴を追い越せ！」

と声が飛び、頭が真っ白になりましたが、一生懸命「ボロタク」を喋って高座を下りました。

楽屋には、ダイマル・ラケット(注62)、かしまし娘(注63)、笑福亭松鶴(注64)、桂米朝(注65)、林家染丸(注66)の各師が、師匠円歌に挨拶にみえました。

あたしはお茶を出すのに忙しいものでした。

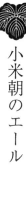

師匠が紹介をしてくれ、

「歌笑の甥です。どうか面倒を見てやってください」

と言うと、

「頑張ってや」

と声を掛けてくれます。社交辞令だとしても嬉しいものでした。

小米朝のエール

所があたしの芸は関西の水になかなか馴染めませんでした。

高座に上がる以上は、負けてたまるか、一生懸命やることだ、と思いやるのですが、やればやるほど、お客さんは笑ってくれません。

師匠円歌も、口には出しませんが、他の弟子を連れてくればよかったと思っていることは、五年も内弟子をしていれば分かりました。

申し訳ないと思う気持ちでした。

当然ながら風当りが強くなり、試練の時でした。

その時一人の男が、陰になり日なたになってあたしを励まし、労ってくれました。

桂小米朝（月亭可朝）(注67)でした。

「歌笑さん悲観することないで、俺も千葉の生まれで関西に来て、米朝師匠にも嫌われて、頑張ってんのやから。

歌笑さんも先代のコンプレックスを捨ててみろ、鮎だってドブ川で見たら汚い、清流で見るから立派な鮎に見えるんやで。

勉強だと思ってやりなされ。今夜は一緒に飲みに行こう」

小米朝の汚い車で、新世界の労働者が集っている店へ行きました。

「歌笑さんの芸に対する真摯な態度は、同じ仲間だから理解できるが、円歌師匠を通じて世の中を見ているように俺は思うから、今から一度の人生だろう。

師匠を離れる気持ちで、欲をかかず、見栄の気持ちを捨てて、頑張ろう」と、生まれて初めての旅先でアドバイスをしてくれた小米朝の言葉は、涙がこぼれ落ちるほど嬉しいものでした。

東京に戻って高座に上がると、関西と違って小屋が小さいので喋りやすいし、角座で客のいじりを覚えてしまったために、東京でも客をいじって、先輩に叱られたものでした。

笑わせればいいと思っていたので、反省はしませんでした。

今考えれば若気の至りで、そんな笑いは泡沫で残らないのです。

渥美清さんの思い出

名前のおかげで普通の芸人よりも大変にプラスな所があり、優遇してもらい仕事も順調で、漫談的な立体落語を盛んにやりました。

昭和三十八年に、先代の歌笑を渥美清（注68）さんが演じて、沢島忠（注69）監督で東映から「おかしな奴」というタイトルで封切られることになりました。

東映の大川社長が大変に尽力して下さり、三の輪の浄閑寺に「歌笑塚」を建てて頂くことになり、武者小路実篤先生が「歌笑純情詩集」を揮毫《きごう》してくださいました。

あたしは報知新聞社の方のお誘いで撮影所に呼んで頂き、渥美さんにお目に掛かりました。

あたしが渥美さんに袴を付けている所を撮ってもらい、記事にして頂きました。

それがきっかけで渥美さんと交流するようになりました。当時ＮＨＫで「若い季節」（注70）というドラマが放送されていて、渥美さんは志ん朝と共演していました。渥美さんは志ん朝の落語が大好きで、志ん朝のことを

「朝さん」、

また志ん朝は渥美さんのことを

「渥美ちゃん」

と呼ぶ間柄でした。

一緒にご飯を食べて、じゃあもう一軒、飲みに行こうか、という雰囲気になると、渥美さんはいつでも、いつのまにかひっそりと、姿を消しました。

気がつくといないので、とても不思議に思いましたが、渥美さんは酒を飲んでいる所を人に見られたくないのだろう、それには何かとても深い訳があるのだろう、と思っていました。昔には、方々で喧嘩したり、人目を忍ぶような暮らしをしていたこともあったそうです。

ずっと後になって、五日市の高水本家が「黒茶屋」というレストランを開業するときに、先代の石碑を建てたいと思い、「男はつらいよ」を撮影していた大船撮影所へ交渉に行き、渥美さんに歌笑純情詩集の「豚の詩」を揮毫して頂くことができました。

渥美さんに是非一度来て頂きたいとお誘いしました。

しばらく経って家の電話が鳴り、あたしの妻、タツ子が電話に出たのですが、

「あなた、あ、あ、あ・・・」

と、緊張して言葉が出なくなっていました。

「誰だい」

「あっ、あつ、あつみ・・」

「あっ！　渥美ちゃんか！」

と、いつもの調子で電話に出ると、あの良く通る声で、

「歌笑師匠はいらっしゃいますか」

と言われ、

（しまった！　俺が師匠で、渥美ちゃんじゃいけない・・）

と、しくじった！　と思いましたが、

「この間はありがとう、いつかは分からないけど、必ず黒茶屋に行きますから」

と優しく伝えて下さいました。

あたしのことをきちんと、師匠と呼んで立てて下さったことが嬉しく、それからは
「渥美先生」

と呼んでいました。今考えると、あたしはずいぶん生意気だったものです。

その後全くのプライベートで、黒茶屋においで下さったようで、あたしはその時に会うことはできなかったのですが、「豚の詩」の石碑の前で撮った写真を記念に下さいました。

北海道旅行珍談

二ツ目の暮らしをしていたあたしは、師匠から

「芸人は仕事がなくてもあるように見せることも大切な条件だ。勉の場合は特に大きな名前を継いだのだから、家で水を飲んでいても忙しいように見せるように」

と言われました。

内弟子もそろそろ年季が明ける頃に又、師匠と北海道に出掛けることになりました。

生まれて初めて飛行機に乗り、ムーンライトというプロペラ機で夜中に千歳空港に着きました。

知事官邸で一席やらせて頂くことになり、町村金五（注72）知事と副知事他五人位の前で、「馬大家」を一席やらせてもらい、師匠は「猫いらず」をたっぷりと熱演しました。

夜は知事主催ですすきのの料亭で宴会に呼ばれ、盛り上がりました。

知事も当時馬を所有していたので、あたしの「馬大家」を気に入ってくれたのか、小遣いを頂き、円歌師匠も自分の事のように喜んで下さいました。

師匠も手品をご披露、やんやの拍手で帰り際に木彫りのアイヌ人形と当時珍しかったジャイアントゴールを頂き、今も我が家に飾ってあります。

知事は後に国政の方で衆議院議員になって奮闘しており、嬉しく思いました。

次の日は定山渓での仕事でした。

体育館に、朝から大勢の客が十重二十重と囲んでいました。

「歌笑さん、お客さんが楽しみに待ってます」

と係の人に言われ、

「あたしをですか・・・？」

と尋ね、円歌師匠にも冷やかされました。

女性の面会でしたので、心が躍りましたが、円歌師匠と変わらない位の齢を重ねたおばあちゃんでした。

「歌笑さん、まさかお会いできるとは思いませんでした。映画とラジオで見ましたが、年はちっとも取りませんネ。目も治って若くなったみたい、記念に写真を一枚撮って下さい」

先代歌笑と間違えているのです。

改めて先代の偉大さを痛感し、「ジャズ風呂」を先代のマネでやりました。

高座を下りると、おばあちゃんから畑でとれた胡瓜だのジャガイモだのをどっさり頂きました。

「おばあちゃん、大変ありがとうダンベ」

とあたしが言ったら、おばあちゃんの顔色が変わりました。

北海道の方言で女性の陰部のことを「ダンベ」と言うのでした。

あたしも困って、

「おばあちゃん、あたしはハマグリしか食べないから安心して」
と言うと、おばあちゃんが
「ひじきは嫌かい？」
とんだ珍客と「冗ダンベ」の旅の思い出です。

盲腸と里帰り

ある日の朝、師匠の家を掃除していると、急に激痛に見舞われました。

師匠の奥さんが、

「勉、掃除の中途半端で何をしているの」

顔から油汗が出て痛くて動けません。奥さんからは怒鳴られ、女中さんも
「冷えたんだから。腹を温めたら？」

とカイロを買ってきてくれ、腹にあてがいましたが更に傷みが激しくなり、近所の医者に行くと、急性胃腸炎で、カイロで温めたため膨れ上がり、即入院となりました。

師匠が以前お世話になった、神田の同和病院に入院し、手術をしました。

兄の姉さんが五日市から見舞いに来てくれ、同期生の円弥君も仲間では一人だけ見舞いに来て、楽屋の近況を教えてくれました。

持つべきものは友人だなとつくづく思いました。

二週間で退院しましたが、病み上がりのため田舎に帰って静養する事になり、師匠のマネーシャーの相馬さんが自分の車で送ってくれました。

入門して五年ぶりの帰郷に胸が躍りました。

目白通りから杉並、砂川へ出て立川へ近づくにつれ、涙がこぼれ落ちてきました。

城山が目に入り、小さい頃面倒を見てくれたトミ子の顔が浮かび、澄み渡った青空の下、喧騒から抜け出して、子供の頃のほとんどが染み込んだ故郷に帰ってきた、と勇気をもらいました。
二、三日すると近所の人が見舞いかたがた会いに来て、
「勉ちゃんも立派になって・・・人間は「他人のメシ」を食わなくちゃいけない」

と話に花が咲いていました。

玉林寺に眠る先代歌笑と生みの親の墓まいりをしました。

焦らずにリハビリを続け、元気な姿を見せてやろう、と体も日増しに回復し、一ヵ月の期限

が迫ると里心が付き、東京に帰るのが怖くなり、自分との葛藤が始まりました。

そんな時、本家に疎開していた、漫画家の坂本牙城（注73）さん、「タンクタンクロー」で売り出した先生が、照政に相談して、高水製糸の女子工員を全員食堂に集めて、「歌笑カムバック寄席」を開いてくれたのでした。

あたしは先代歌笑の十八番、「ジャズ風呂」を一席やり、

「勉ちゃんは治ちゃんより上手だ、師匠の所に早く帰った方がいい」

と皆に言われ、気持ちが又、尾久の円歌師匠に向いたのでした。

入門するときに乗った汽車はディーゼル車に変って、時代の変化を感じぜずにはいられませんでした。

師匠の家に戻り、

「色々とご心配をお掛けしてすみません」

と挨拶をして普通の生活に戻ったのですが、一ヵ月田舎にいて遊んでいたので、体がついていけずに辛いものでした。

少しずつ仕事も増え、テレビやラジオの仕事も入り、金が少したまったので、五日市の実家

に冷蔵庫と掃除機を送ったら喜んでもらい、あたしは嬉しく思いました。

円歌師匠の息子が設立している「暁プロ」の仕事で名古屋に勝弥（七代目三升家小勝）（注74）、歌雀（三代目三遊亭歌奴）（注75）、志ん駒（注76）、朝馬（三代目）（注77）、文七（十代目翁家さん馬）（注78）とで十日間、大喜利で行く事になりました。

楽屋泊まりで高座が終わると飲みに出掛け、宿酔で高座に上がりましたが、かえって個人個人のキャラクターが舞台に出て客は喜び、席亭も上機嫌でした。

不謹慎な世界だとつくづく思いましたが、これが落語家というものなのです。

主任は馬生さんで、勝弥が
「馬生さんがいるんだから、稽古をしてもらおう」

とヨイショしました。

温厚な馬生さんは、あたし達が酔っているのを承知の上で、「長屋の花見」と「青菜」を稽古してくれましたが、宿酔の六名、残念ながら覚えられませんでした。

馬生さんの弟子で馬六（三代目鈴の家馬勇）（注79）が一緒にいて、

「兄さん、うちの師匠は兄さんに稽古をつけているんだから」

と聞かされて、師匠に悪いことをしたな、と思いました。

馬六はおとなしい、もの静かな男で、あたしより年上なのですが四年後輩で、、なぜかあたしを慕っていました。

正月に電話がきて、

「兄さん、いま何してるんですか」

「家で飲んでるだけだよ」

「じゃあ、これから行ってもいいですか」

と、一緒に過ごしたこともあります。あたしの家にはよく来ていたのですが、酒を飲むとガラリと変わってしまう男でした。

優しい人間でしたが、ずいぶん早くに亡くなってしまいました。

後に客の注文で「長屋の花見」をやることになり、改めて扇橋(注80)から教わり、引き出しを増やした、思い出の噺です。

師匠との別れ

元気だった円歌師匠が軽い腎臓を患い、同和病院に入院することになりました。あたしは尾久の家から病院に師匠の身の回りの物を届けたり、洗濯物を持ち帰ったりという役目になりました。

師匠は協会の副会長であったため面会が多く、見舞の品物を運ぶのに大変で、あたしには辛いものでした。

病状が回復してくると、元来落ち着きのない師匠でしたので病褥《びょうじょく》にいませんで、病院内を歩き回りナースに手品を見せたり、食堂に元気な患者を集めてあたしと落語をしました。あたしは即興で小噺を作りました。

「先生、同和病院だと思って入院しましたが」

「いいん（医院）ですよ」

大爆笑だったことを鮮明に覚えています。

所が、病気は回復していませんでした。

肥《ふと》ったと思われていましたがそうではなく、浮腫《むく》んでいて、その原因は尿毒症の併発でした。

あたしは悲しく、病気に負けるな円歌、と星に手を合わせて頼みました。

昭和三十九年八月、厳しい暑さでした。

師匠の容体が悪化し、もう何を言ってもわからない日が何日か続いていましたが、芸の虫と言いますか、仕事の師匠と言いますか、放送の仕事が入っていたのを思い出して、その時はあたしと歌奴しか居なかったのですが、短兵急に、

「おい、ニッポン放送に行くから」

とベッドに座って、

「時間を計れ」

と常時使っているストップウォッチを歌奴に渡し、スイッチを押させると、朦朧としていた師匠が、あたしが初めて見掛けて印象に残った時の、あの三遊亭円歌の顔になって、品のある満面の笑みを浮かべ、はっきりした口調で「くしゃみ義太夫」を喋りました。

あたしは涙がボロボロ流れ落ちて、師匠が落語を続けているのをとても聞いていられませんでした。

歌奴も泣いていました。

混迷した意識の中、死線をさまよっている状態で、円歌師匠は落語を片時も忘れない執念を燃やし、弟子の前で喋っていました。

喋り終わると、

「何分だったい・・・？」

「十二分です」

すると師匠が、

「十五分やるんだから、信夫、もう一度時計を押してくれ」

と喋り始めました。

途中で噺が混乱して、今度は最後まで喋れずに、そのまま眠りに入りました。

師匠円歌は、この日から一週間目に、七十三歳の生涯を終えました。

あたしは目の前が真っ暗になり、落語家を辞めて、五日市に帰りたいと思いました。

できの良くないあたしを弟子にしてくれて、師匠の死に水を取ってあげられたあたしは、実に果報ものです。

葬儀は自宅で行われ、円歌師匠にふさわしい立派なものでした。

葬儀も終わると、あたしは今後の事で悩み、五日市の実家でも、師匠が亡くなったのだから大義名分が立つので、帰ってきてもいいと言われました。

師匠の奥さんも心配して下さり、

「頑張りなさい、陰ながら応援するから」

と仰って下さいました。

でもあたしは二ツ目で、どこかの師匠にお世話にならないと協会には籍を置けません。

あたしは円蔵師から、一門になりなさい、と温かい言葉を掛けて頂きました。

「でもうちの一門にするには、名前は変えないが三遊亭は変えて、橘家にする」

と言われました。

五里霧中になり考えました。

小さい時から先代に憧れて落語家になり、名前を継がせて頂いたのに、橘家歌笑となるのはどうしても悲しい思いでした。

すると木久蔵（林家木久扇）（注81）から、

「兄さん、正蔵師匠が林家一門になればいい、名前も今のままでいいと言っています」

と言われました。

あたしは心が動きましたが、円歌師匠の奥さんが、

「勉や、信夫の一門に入るのが一番いい事だ。お願いをしてあげる」

と初七日に言われました。

あたしもこれが正道で、自然な事だと思い、歌奴の一門になり、お世話になることになりました。

すでに弟子が四人位いまして、一番弟子は歌雀で、あたしの一年後輩でした。

師匠の奥さんは歌奴に、

「信夫、勉の面倒を見てもらう事になるが、継子扱いだけはせず、信夫の弟子として育てて下さい」

と頭を下げてくださいました。

継子の弟子

子飼いの弟子でないあたしは、一生懸命に懐に入ろうとしますが、どうしてもうまくいきま

せん。

「歌笑さんを悪く言っているけど、歌笑さんと歌奴さんは仲が悪いの?」

と仲間に言われて、疎ましい気持ちになりました。

ある日、あたしは歌奴のアパートに呼ばれ、

「俺を師匠と呼ばなくてもいいから、「親父」と呼んでくれ」

と殴られて、

「困った時には相談しに来い、忌憚《きたん》無く相談に乗るから」

と二人で握手して、泣きながら酒を頂き、歌奴も泣いていました。


尾久の家は女中さんが皆田舎に帰り、奥さんと息子さんが住んでいました。

円歌師匠の奥さんから、

「掃除したり犬の散歩をする人がいないから、仕事がない時は休んでいいから」と言われて尾久の師匠宅に住み続け、もう一つ、巣鴨の先代歌笑の家の近くにアパートを借りていて、寄席の帰りに家賃だけ納めに行きました。

あたしが犬の散歩をしていると、近所の人が
「歌笑さんはお金を貯めて、家賃まで出してもらっているそうだね」

と言われた時、自分の耳を疑りました。

師匠への恩返しのつもりで手伝いをしていたのに、なぜこれほど肩身の狭い思いをするのか、と今の生活が嫌になりました。

家賃は自分の働いた金で払っているのに、世間ではそう見てくれません。

あたしは奥さんに、

「掃除には必ず来ますので、アパートに帰らせて下さい」

と談判し、アパートに住む許しを得ました。

出会い

鈴本演芸場の伊藤支配人が、なにかと面倒を見て下さり、仕事を頂き、高座の出番も深い所に出してもらいました。

二ツ目で高座に上がれることは売れている落語家でないと容易ではなく、あたしは果報ものでした。

高座が終わりコーヒー屋に入ると、ウエイトレスがニコニコ笑顔を見せて注文に来ました。テレビであたしを見たとの事で、彼女はタツ子という名前で、田舎から出て来て電電公社（現NTT）に合格したのですが、親が山形に住んでいるために不採用になり、生活のためにアルバイトで働いていました。

落語が好きで、休みの時はラジオで寄席番組を聞いている、と話していました。

上野鈴本に招待すると喜んで、あたしの落語を直してくれ、洞察力に驚きました。

友達付き合いが続きまして、ある時あたしに旅の仕事が入りました。

その頃アパートから大帖一間と台所の部屋に引っ越しまして、鍵を彼女に預けて部屋の整理を頼み出掛け、帰ってくると女性らしく部屋を片付けてもらい助かりました。

明るい性格で、あたしが塞ぎ込んでいると、

「芸人はプラス思考で行動を取らないと嫌われるから、明るく明るく！」

と励ましてくれる彼女に特別な思いを感じ、二二子のもとに二人で相談に行きました。

「勉、こんないい子はいない。逃がさないようにしっかり捕まえておきな。二度と巡り合えな

いような人だから、治ちゃんもいたら喜ぶよ」

と大変気に入ってくれ、頭を下げてお願いをしてくれました。

早速尾久の家にタツ子を連れて挨拶に行くと、奥さんが
「芸界は辛いことが多いけれど、勉を頼みますよ。生活設計はタツ子さんがすればいい事なんだから」

と認めてくれました。

所が、あたしにはもう一つ頭の痛い事がありました。

両親についてです。

タツ子に話すと、

「歌笑さんと一緒になるんだから平気よ」

と山形弁で言ってくれました。

あたしは、必ず先代歌笑以上に幸福な家庭を作ろう、と心の中で思いました。

大塚の駅周辺に出る夜店で、二人で少しずつ生活用品を揃えるのが楽しみで、だんだんと家が整ってきました。

タツ子は山形に報告かたがた帰ることになり、上野駅まで見送りに行きました。帰ってくると、親が結婚を反対しているというので動揺していました。

あたしは、

「幸福にするから、俺についてきてくれ」

と語り聞かせましたが、苦しんでいるのが分かりました。

数日後、山形から親が出て来ましたが、あたしは仕事があると嘘をついて、パチンコ屋で時間をつぶし、会いませんでした。

年老いた両親が長時間掛けて娘の婿に挨拶に来たのに・・・今考えるとゾーとして、申し訳ないと反省する思いです。

まもなく家に電話を引くと、佳節の日を選んで連絡が入りました。

二二子が喜んでくれた顔を覚えています。

友達付き合いがそのまま結婚するような具合で、二人だけでアパートで祝いました。

照政の戦友が新宿武蔵野館の横でキャバレーを経営していて、口利きでタツ子がホステスとして働く事になりました。

自分の家庭を持って、人生が充実していた頃でした。

正蔵師匠の恩

ある日、新宿末広の代演で、中入り後に高座に上がりました。

主任が正蔵師匠で、楽屋に控えていました。あたしは「馬大家」を一席喋って下りました。

あくる日楽屋で木久蔵から、

「兄さん、うちの師匠が用事があるそうで、明日稲荷町の自宅に来るように、と言ってました」

と伝言を受けました。

あたしはしくじりでもしたのかと、タツ子に相談すると、すぐに謝る事だ、と言われて一本酒を持って行き、

「師匠、すいません」

と謝ると、

「歌笑、何を謝るんだ、実は歌笑を呼んだのは、昨日新宿で聞いた落語だが、うまくなったと

言いたかったんだ」

あたしは驚いて、

「師匠、ありがとうございます」

とお礼を言いました。

「暇を見て稽古に来い」

と言われ、嬉しさが倍増しました。

「藁人形」という噺を稽古してもらい、終わると先代歌笑の話をしてくれました。

「金馬の所にいた時によく稽古に来て、

「師匠、俺は必ずアパートを建てて、落語家を入居させます」

と自慢していたよ、実にいい男だったよ。

治男が俺の所に稽古に来たのは、うちの娘に惚れていた所もあったらしい。

ある時、

「師匠、娘さんを嫁に下さい」

と言われたから、

「自分でアタックしてみろ」

と言ったら、二階から下りる時、目が悪いもんだから階段と間違えて落ちたり、稽古中に娘の顔ばかり見ていて娘が驚いたんだ。

「他のお弟子さんはお父さんを見ているのに、歌笑さんだけは私を横目でジーと見ているの」

と言うから、

「歌笑は斜視だから、お前を見ているように思うんだ」

と俺は言ったんだ」

木久蔵が以前、兄さんは林家一門になればよかったんだ、と師匠が言ってくれた事がよみがえり、旅の帰路には必ず稲荷町の師匠の家に寄せて頂き、土産を置いて帰るようになりました。

師匠亡きのちは、林家の師匠があたしの心の支えになったことは確かでした。

浅草修行

浅草の松竹演芸場（注82）での仕事がありました。大宮デン助（注83）さんが座長で、ホームグラウンドとして頑張っていました。暁春夫（注84）さんという司会者が、円歌師匠から名前をもらっていたこともあり、デン助さんには公私に渡りお世話になりました。

色物が主の小屋で、楽屋では仕事のない芸人が集まって博打が盛んに行われていて、絶対に仲間に入らないようにと釘を刺されました。

幸いにあたしはパチンコしか興味が無いので助かりましたが、ベテランや将来を嘱望されていた芸人が、出演できずに消えていったのを何人も知っています。

お客は寄席の客層とは違います。

人情は厚いのですが、定席では笑う所が笑わないし、ヤジも飛びます。たまに
「痴楽(注85)のマネをするな！」

と言われた時、ショックで悔しくなりましたが、ここに出演していた関係か、あたしの友人は落語家より色物の人が多くいます。

浮気心とやり直し

タツ子がホステスのアルバイトをして、あたしも営業の仕事が増えて、懐が温かくなりつつ

ありましたが、あたしの浮気でしくじったことがありました。

同じアパートに住んでいた女性と仲良くなり、ある夜、酔ったあたしがトイレに起きると、なぜかその人の部屋に入り寝てしまい、ベッドで二人で寝ている所をタツ子に見られてしまったのです。

今もってどうして他人の部屋に入れたのか分かりませんが、タツ子は当然ながら怒り、あたしも弁解して、相手の女性も、生理だったので自分の身は潔白だと言ったのですが、大家さんまで仲裁に入っても生真面目なタツ子は許してくれず、拝島の、先代歌笑の弟の淳太郎の元へと相談に行ってしまいました。

淳太郎には、

「夫婦の間のことは、二人で話し合って決めなさい」

と言われて、アパートを引っ越すことにしてひとまず収まりました。

マンションへと引っ越し、生まれて初めてのトイレ付きの部屋で、新たにやり直すことになりました。

近所の「大平山」というお店で、近所の人が飲み仲間を集めて、月に一度「大平山寄席」というものを開いてくれることになり、励みになりました。

終わると懇親会で、酒が入って話が弾み、

「次回は、こんな噺をして下さい」

と注文してくれました。

お客さんの職業も様々で、サラリーマン、近所のお店の人々、不動産屋の社長と、多士済々でした。相談役に馬楽、亀松（二代目柳家三亀松）(注86)として、十五年間続きました。

この寄席の関係で古典落語を本格的に演じるようになりましたが、最初は
「歌笑を継いで、なぜ創作落語をしないんですか」

と色々な人から言われ、先代歌笑の実弟、淳太郎に相談に行きました。

「治さんには、芸人になった以上、進むべき道は自分で苦しんで選べ、と言っていたけれど、私見としては、古典だなァ」

とアドバイスしてくれました。

タツ子も、

「私も、しっくり古典を勉強した方が道が開けるかも、と思う」

友・扇橋

その時電話が鳴りました。

上野鈴本の伊藤さんからでした。

「川越で「富久」を一席四十分でお願いしたい」

あたしは返事に困りました。

以前からお世話になっていて、あたしは漫談とか、先代の噺をしているのに、なぜ古典落語の仕事をくれたのか分かりませんでした。

「富久」なんて一度も喋ったことはないのに、と困っていると、電話を聞いていたタツ子が、

「何年落語の世界にいるの。覚えて仕事に行くのが歌笑でしょう。決心をしないのなら芸人を辞めた方がましよ」

とあたしに言いました。

これは確かで、芸人として大事なことは気概かもしれない、と仕事を頂きました。

あたしより年上のさん八（九代目入船亭扇橋）に稽古してもらう事になりました。

端正な口調で覚えやすいものでした。
さん八は三多摩出身であたしと近く、仲良くなりました。
あたしも「紺田屋」を教えて、
「あの演出は高水流、歌笑流だな」
と言ってくれました。
人間が苦労人で、本当の寄席芸人でした。
あたしは日頃から私淑していました。
相談にもよく乗ってもらい、アパートに遊びに行く仲になりました。
今のあたしの古典落語は、扇橋に教わったのがほとんどです。

真打への葛藤

落語界は、芸に対して杓子定規で厳しかった円生会長から大正生まれの小さん（注87）会長の時代となりました。

円生師匠は、優れた素質や日頃の努力を真打の重要条件としていたように思いますが、その実力という判定は難しいものです。

寄席に集客できる、マスコミの仕事が多かったり、ネーム・バリューがある芸人は、席亭側も営業面で立派な真打のように扱っていましたが、円生師匠はこれをあまり好まず、邪道と決めつけて真打を造りませんでした。

所が実際は、落語は個人の個性が魅力であることを昔から今まで否定できません。

先代歌笑が本格的な落語はできず、創作落語を演じて人気者になり、歌笑見たさに寄席に足を運び、歌笑の出番迄に他の落語家を聞いて、ますますのめり込んでファンになった人もいます。

正直に申し上げて、円生師匠の考えは偏狭に等しいと思いました。

あたしは真打は無理だと思っていましたが、小さん師匠に変わり、同時に幹部も大幅に増やし、若手を加えました。

その結果、改革を断行することになりました。

前会長時代に造らず、たまった古株の二ツ目を一気に真打にしようとする動きでした。

新しく幹部に昇進したつば女（五代目）(注88)、談志、円楽が十年以上の芸歴の二ツ目を二十人集めて、

「この際、春に十人、秋に十人一括して真打にするが、君達の忌憚のない意見を聞かしてくれ、小さん会長に話をするから」

あたしも幸か不幸か、秋の十人組のメンバーに入っていました。

侃々諤々《かんかんがくがく》、新幹部の前で論議が始まりました。

同世代の幹部の前では活発な意見が出され、談志が小さん会長に今日の内容を直訴する事になり、閉会しました。

あたしは熟慮の末、辞退しようとタツ子に相談をしました。

歌笑の名前を襲名して、芸歴は十五年経ちましたが、一人で真打になりたいとずっと思っていました。歌奴の真打披露興行を見て、真打になるという事がどんなに大切な事か、先輩、師匠を始めお席亭に推薦されて、年功序列を飛ばして抜擢真打になるのが夢でもありました。

真打になって初めて一人前の扱いを受けます。出された案を素直にのみこみ、肩身の狭い真打でいいものか・・・?

タツ子は
「そりの合わない圓歌さんは、お父さんを助けないかもしれない、古い順からでも真打になって資格をもらいなさい。二度とない幸運じゃない。粗製乱造と言われるのが屈辱だと思ったら勉強、稽古だよ」

あたしは決心をして、合同真打に賛同しました。

真打昇進

理事会では会長や理事会員が賛成し、可決されました。

春にまず古い二ツ目が勝弥、円平(注89)、川柳(注90)、朝馬、小のぶ(注91)、勝二、馬風(注92)、さん吉(注93)、栄枝(注94)、小益（九代目桂文楽）(注95)が真打になりました。

秋はあたし達です。大変な準備でした。

扇子、手ぬぐい等を注文し、あたしは圓歌から
「俺の弟子は歌笑の所には一切手伝わせないから」

と言われ、タツ子と二二子に頼るより方法はありませんでした。

扇子の絵は三木のり平(注96)さんにお願いをして、四ツ谷の家まで二二子と二人で行き、快く書いて下さいました。

口上書は、先代歌笑と特に親しかった小島貞二さんにお願いをし、高座に飾る後ろ幕は五日市の本家に作ってもらい、幟《のぼり》は二二子が作ってくれました。

晴れの紋付の着物もでき上がり、放送関係には協会の事務局長が挨拶回りとお願いをしてくれました。

当時は志ん生、円生、正蔵、文治、円蔵、小円朝、馬生、馬楽、馬の助（注97）、圓歌、三平、金馬（四代目）（注98）、小せん（注99）、さん助（注100）、志ん朝、柳朝、円楽、談志、つば女、円鏡、小さんが協会理事でした。

お客さんにも挨拶に行き、祝儀をくれたり、励まされたりと様々してもらいました。

上野精養軒で十人合同の披露パーティーが盛大に通り行われました。

受付は十人の関係者が名前と似顔絵を置いて行い、あたしは二二子とタツ子がしてくれました。

秋の十人は好生（春風亭一柳）（注101）、文平（六代目柳亭左楽）（注102）、歌笑、生之助（注103）、歌雀（三代目三遊亭歌奴）、小きん（六代目柳家つば女）（注104）、三蔵、さん弥（二代目柳家小はん）（注105）、木久蔵、桂太（金原亭伯楽）（注106）でした。

タツ子の両親や、五日市からも大勢祝いに来てくれましたが、両親は足が悪いために呼びませんでした。

今考えると本当に申し訳ないと思います。

これだけのご贔屓がついているという存在価値を見せるため、一生懸命でした。

あたし一人の事ではありませんでしたが、あたしは特に圓歌に懐抱してもらえなかった悔しさがありました。

パーティーはあまりの大盛況に、会場では思うように身動きが取れず、冷房も効かなくなって病人が出るほどでした。

こうしてあたしは真打となり、スタートラインに並ぶことができました。

後日先代円歌師の墓に報告し、三ノ輪の浄閑寺の先代歌笑にも二二子とタツ子の三人で報告しました。

二二子に、

「私もこれで役目は終わった。勉ちゃんをタツ子さんに任せますから、しっかり手綱を引っ張って下さい」

と墓前で言われました。

九月一日から、あたしは生之助と交互二名ずつ、五日間の通りで披露興行を行い、上野鈴本を振り出しに新宿末広亭（注107）、池袋演芸場（注108）、浅草演芸ホール（注109）、東宝名人会と順次回りました。

新聞には、真打粗製乱造の落語界が、又秋に十名昇進させるとはいかがなものか・・・？という、批判的な報道がありました。

あたしは心外でたまりませんでした。協会と席亭が認めた以上、合同であろうと立派な真打である、と自己主張しました。

理事の談志が代表して反論を寄せてくれました。

「江戸時代からの伝統で今日まで続いている落語において、最後のトリを努める芸人が、いかに集客する力を持っているかという事が大事で、観客動員できる落語家を真打と云う。今現在理事である芸人の中でも、最初は資格はなかった。今回春と秋に二十人真打を造ったが、粗製乱造でもない。

芸を各自が身につけ、立派に喜ばせる力を持った二十人だ、前会長が理想を求め過ぎて、チャンスを与えなかったために小さん会長が改革を行ったのだ」

あたしは談志の反論に感銘を受けましたが、二十人皆が同じだったと思います。

披露興行中、

「パーティーに出席できず申し訳なかった」

とご祝儀を持って高座を見に来てくれるお客さんもいて助かりました。

数少ないとはいえ、寄席を約二ヶ月興行するのは大変な仕事でした。

真打おもてうら

真打になり割は少し高くなりましたが、一人で真打になった人よりも比べ物にならないほど上がり幅は低いものでした。

寄席での生活が成り立てば、これほど素晴らしい世界はありません。

寄席で食べていける訳がない、というのは火を見るよりも明らかで、生活費等は他で稼がねばならず、名もなく貧しく、辛い落語家の現実です。

当時の働く場所と言えば、キャバレーの司会が圧倒的に多く、依頼を受ければどこでも出掛けて急場を凌ぐのですが、二ツ目時代よりも生活は安定しませんでした。

売れるとはなんだろう、先輩達が血の滲む努力で貧乏の底辺を味わい、乗り越えてきたことだろうか・・・？

円歌師匠によく言われました。

「努力する事だ。努力とは稽古だ。必ず好道が舞い込んでくる」

この頃は、芸人の売れる必要条件とは、体力、反射神経、感性、最後に腕だと考えるようになりました。

真打になったと実感したのは、それまでは師匠を通じてもらっていた出演表が「三遊亭歌笑師匠」と記されているものを直にもらえることでした。

割袋も「師匠」と書かれたゴム印が押されるようになりました。

真打とは一人前の落語家になった証、付き合いも自然と増えて、物入りが多くなります。

諸々の案内状が届く度に、真打としての体面を保たなければなりません。

あたしは名前の関係上、プライドもあるので見栄を張って付き合いをしていましたが、稼ぎより物入りが多くなって生活が苦しくなり、タツ子に泣かれた事もあります。

そんな訳で、プライドを捨てて、謙譲の美徳で普通の付き合いを心掛けなければならなくなりました。

時々、あたしと一緒になったばかりに人生を変えてしまったタツ子が無性に愛おしくなることもありました。

絶望と希望

その頃、弟子志願者が訪れました。

家へ連れて行くと、

「芸人は自分の家を持っているものだと思っていたら、アパートに住んでいるんですか」

あたしは傍若無人な若者を断りました。

よし、東京に自分の家を持ってみせるぞ、と腹に決めました。

その頃、タツ子は身籠っていました。

生活の上育てる余裕は無く、考えあぐねた末、五日市の両親に相談に行きました。早く孫の顔が見たい、と望んでいましたが、

「子供を育ててくれないか」

母は黙っていました。


タツ子は嫌がりましたが、中絶することになりました。

手術が済むと、電話が入りました。母の妹の百々代《ももよ》からでした。

「お姉さんに子供の面倒を頼まれたから、勉、いつでも子供を連れて帰って来なさい」

悔しくて、電話口で涙がボロボロ落ちました。


タツ子の体は弱くなり、病気がちになりました。

ある夜、ベッドに入ると悪臭がするので、仕事先で色々な人に相談すると、

「ガンかもしれない」

と聞かされました。

一人お百度を踏み、間違いであるように祈りました。

タツ子に病院に行くように勧めました。

入院前に、二人で車で河口湖へドライブに行きました。

朝から快晴で、タツ子は小学生の遠足のようにはしゃいでいました。

心配を掛けまいと気を遣っているのがいじらしく、悲しく思いました。

ドライブインで食事をし、湖畔でビールを飲みながら夕日が沈むのを眺めていると、今までの二人の事が浮かんでは消えました。


巣鴨の病院に入院することになり、友人や身内が心配して、見舞金を届けてくれました。

タツ子は即手術することになり、あたしは自宅で待機しました。

病因は子宮筋腫で、九時間程掛かって成功した知らせが入り、皆に感謝の気持ちで一杯で、

「タツ子、よく頑張った」

と心の中で褒めました。

あくる日病院に行き、改めて労をねぎらいました。

先生に呼ばれ、アルコール漬けになっている筋腫を見せてもらいました。

赤ちゃんの頭位の大きさで、医学的にも珍しく、実験に使いたいので協力を願いたい、と伝えられ、承諾しました。

退院をしたタツ子とデパートに行き、快気祝いの品物を買って、普通の生活に戻ることがで

きました。

日増しに元気になっていく姿を見て、嬉しく、安堵しました。

その頃は営業の仕事に重点を切り替えていました。客と交流を深めよう、と思い、場所を選ばずに働きました。

懐具合も良くなり、元来健康なあたしは疲れを感じませんでした。人と接する本当の心を掴めるようになると、自然とお呼びも増え、枝が増えて色々な人と出会うことができました。

可愛がってもらっていたキャバレー日の丸（注110）の社長から、

「師匠、寄席なんてちっぽけな世界だよ。ちゃんと客を掴めば、いい仕事が一杯入ってくるんだから」

あたしも、その方が良い、と思っていて、満足していました。

事務員さんの思い出

営業をもらうために、落語協会の事務員さんの所へ請け合いに行く訳ですが、あたしは岸さん（注111）という事務員さんにずいぶん仕事をもらいました。

岸さんは元は七代目正蔵師（注112）の弟子で、のちに稲荷町の正蔵師の所へ移った、三遊亭市馬という名の噺家で、あたしは事務員になってからも「兄さん」と呼んで立てていました。

あたしが入ったころはまだ二ツ目で、ロセン（男根）が大きいので有名でした。

「馬並み」

だとか、

「ロセンの象徴」

なんてずいぶん噂されていて、あたしにも

「見るかい？」

と言ってきたことがありましたが、

「そんなもの見たくありません」

と断りましたネ。

兄さんは踊りが上手で、手拭いをロセンにかぶせて浮かせる・・・ずいぶん助平な踊りをよくやっていました。

あたしも好き放題の落語をやっていたので、兄さんはそれをよく見て知っていて、仕事を多くくれたようです。

ギャラは高くこそないものの、多く仕事をくれて、生活が楽になりました。

気難しい所もあって、ある時どうしても抜けられない別の仕事が入り、兄さんに断りの電話を入れると、

「すいませんが、そういう訳で行けませんで・・・」

と言うやいなや、ガチャン！　と電話を切られたこともありました。

芸人から事務員になった人は何人かいて、上手いけれども地味で売れなかった、柳家小三治（八代目）(注113)という名前だった高橋栄次郎さんという人や、漫才のリーガル千太(注114)さんも事務員でした。

リーガル千太・万吉の二人は、東京漫才の名人で、あたしの前座の頃、よく寄席に出ていま

したが、解散して千太さんが引退して、事務員になったのですが、いいかげんな人で、いつも楽屋にいて、せびった酒を飲んでは円生師匠の落語をすっと聴いていまして、席亭から

「あんたはもう芸人じゃないでしょう、何でずっと楽屋にいるんです！」

と怒られていました。

お調子者の千太さんと反対に、万吉さんは品が良い紳士でした。

「万吉っつぁん」

と皆から呼ばれて、あたしも慕っていましたが、ずっと後、万吉さんが亡くなってからですが、大塚の先代歌笑の家から、達筆な字で

「三遊亭歌笑」

と書かれた表札が見つかって、傍らに小さく、

「リーガル万吉」

と書かれていました。

こんなに字が上手い人だったのか、と感心して、

（万吉さんが元気な時に、この表札のお礼が言えたのに・・・）

と思ったものです。

私生活でも舞台どおりの性格の二人でした。

家を買う

ある日扇橋から電話が入り、

「競馬は銭が儲かるから、趣味と実益を兼ねて、場外馬券場へ行こう」

と誘われました。

あたしは二人分の弁当を持って、日曜日の度に買いに行きました。

扇橋は入念に検討するので予想が外れることは少なかったのですが、あたしはタツ子の誕生日を常に追っ掛けて、外れてばかりでした。

帰る途中に、

「歌笑、何か大きな事をしてみないか？」

と言われました。

扇橋の目が輝いて見えました。

「家を買うんだけど、俺の裏が一軒空いているから、歌笑も買わないか」

と誘われました。

場所は東中野で、五日市にも近く、あたしも夢であったので、案内してもらいました。

交通の便も最高で、気に入ったので、契約したい、と話すと、扇橋が
「じゃあ、手数料で、俺に三百万くれ」

あたしはズッコケました。

扇橋は普段、そういうことを言う男ではないのですが、あたしも困ってしまって、タツ子に相談すると、

「じゃあ要らないでしょっ、なんで三百万も渡さなくちゃいけないのよ！」

と言い、もっともだと思ったのですが、諦めきれないのでタツ子の親に電話をして、家の構造まで話すと、

「歌笑さん、それは狭いよ」

と反対され、あたしも納得しました。

しばらくして、近い所にもう一つ、好条件の、建築中の売り出しがありました。

あたしは目立たないように、奥の家を契約しました。

引越しには馬六や町奴（二代目三遊亭歌扇）(注115)が手伝いに来てくれて助かりました。

東京に出て来て、三十七才で念願の我が家を持つ事ができました。

風呂につかり、天井を見上げて初めて実感が湧き、タツ子と二人でささやかなお祝いをしました。

先代円歌師と先代歌笑の写真を飾り、感謝の報告をしました。

東京に出て落語家になり、苦節十九年目で家を持てたあたしは、円歌師に育ててもらい、先代歌笑に草葉の陰から応援してもらい、タツ子について来てもらい、感謝せずにはいられませんでした。

米丸師匠との交流

友人、ファン、親戚からお祝い物が届く中で、「米丸」と墨痕鮮やかに書かれたビールが届いて驚きました。

芸術協会の桂米丸師匠（注116）でした。

酒屋さんに聞くと、

「歌笑さんの後ろの所が米丸さんだよ」

と教えてくれました。

あたしはお礼と挨拶に行き、より一層、懐の深い師匠だと感じました。

その後も公私にわたって、以前よりも親しくお付き合いをさせて頂くことになりました。

あたしは福生で年に一回、寄席を開いていたので、ゲストで出演して頂いたり、無理な仕事も助けて頂きました。


ある日、米丸師から相談を受けました。

「芸術協会の恒例で、夏季寄合があるのだけれど、五日市の先代の歌笑さんの実家で、黒茶屋というレストランを経営しているということを聞いて、自然も満喫できるし、料理も美味しいと評判も良いので、そこに決定をしたのでお願いをしたい」

すぐに五日市に電話を入れ、当日はあたしの車で先導して、観光バス二台で行きました。

風呂に入浴して頂き、夢楽さん（注117）の司会で宴会が始まりました。

協会のあたしを見て、皆さんが不思議そうにしていました。

夢楽さんが
「今日の黒茶屋を決めるのに、歌笑さんには大変お世話になりました」

と、先代歌笑の実家であること、織屋からレストランになったこと等々説明して頂きました。

充分に楽しんで頂き、最終日は幹部の皆さんに土産を持たせ、見送りをしました。

あたしが東京に戻った翌日、米丸師の家にご挨拶とお礼に行くと、

「会員全員が満足したよ」

と言われて、ホッとしました。


あたしは寄席に車で通っていたので、師匠方を送ることもしばしばありました。

馬楽師匠、橘家圓太郎師匠（七代目）(注118)、波多野栄一先生(注119)、売れない面々でしたが、
あたしが終わるまで楽屋で待っていました。

馬楽師匠は、営業で、あたしの車で北海道まで一緒に行ったことがあったのですが、

「歌笑さんだけだよ、あたしにこんなに良くしてくれるのは・・・」

と言ってくれました。

圓太郎師匠は八王子にお住まいだったので、あたしと方向が同じですから、よく車に乗ってもらいました。

「歌笑、ありがとよ、お礼に小噺を教えてやるからな」

「ありがとうございます、折角だから、うちに寄っていきますか」

「ああ、しゃあ、一杯おごれ」

と言うので、この師匠も大酒飲みでしたから、あたしの家でもてなすと、ベロベロに酔っぱらって、

「小便がしたい」

と押入れを開けて、あたしが慌てて
「師匠、そこは駄目ですよ!」

と止めようとすると、

「もう遅いよ、しちゃったよ」

あげくの果てには、大の字になって寝てしまう始末でした。

タツ子は、

「ちょっと、なあに、あの人・・・？」

と怪訝そうに、いびきをかく圓太郎師匠を見ていました。

それでもいくつか小噺を教わって、

「新聞に、「美人の首なし死体が出た」という事件が載っていました。どうして、首がないのに美人だと分かったのでしょうか？」

というものはあたしも気に入って、高座で使いました。

「なんででしょうかね、なんででしょうかね？」

というのが高座での口癖で、ずいぶんと変わった師匠でしたが、もともとは驚くなかれ、教員をやっていたような人ですから、人は見掛けによらないものです。


波多野栄一先生は、百面相で売った人で、カウボーイだとか聖徳太子、なんと言って扮するのですが、わりあいに茶化されていて、高座の最中に楽屋連中が野次は飛ばすわ、座布団は投げ込むわで、下りてきた栄一先生が、

「君達ッ！　あんまり邪魔しないでくれッ！」

と怒っていましたが、お客も喜ぶものですから、どんどん調子に乗って、しまいには馬風が

高座に出て行ってぐるぐる走り回って、最後に栄一先生の頭をひっぱたいて引っ込んだら、今度は席亭に大目玉を食らっていました。

席亭一家のお世話に

ある日、我が家に珍客が現れました。
新宿末広亭の北村一男席亭でした。
近頃眠れない夜が増えた、との事で、夫婦で三日間泊まりに来たのです。
タツ子は失敗の無いよう気を遣い、神経を尖らせているのが分かりました。
大変なものでしたが、帰り際に
「おい歌笑、俺の所に上がるか？」
と言われ、あたしとタツ子でお願いをしました。
それからはよく仕事をもらい、末広亭でトリを取らせてもらう事もありました。
ある時、中野サンプラザ（注120）で仕事があり、あたしは主任を任されました。

席亭の養子の幾夫さんがお見えになり、あたしはもてなしをして、帰りに寿司屋に行き、ご馳走をしました。

その後、席亭から電話が入りました。

「歌笑、何てことをするんだ」

「何かありましたか」

「何かじゃない、倅をまっすぐ家に帰さなきゃ駄目だろう、みんな待ってたんだから、こういうことをされると、出入りを許さない！」

あたしはこうなればやむを得ないと、素直に分かりました、と返事をしましたが、それからも席亭から仕事をもらうことは続きました。


その後、幾夫さんからの話で、もう一度あたしにトリを取らせてくれることになりました。

「歌笑さんの通りで、圓歌さんにスケ（助演）てもらいましょう。歌笑さんからもお伝えください」

と言われ、圓歌の所へ行くと、

「いや、俺は出ない」

と断られ、その後には末広亭にもその連絡が入り、幾夫さんから

「歌笑さん、圓歌さんの所に行かなかったんですか」

「いや、行ったよ。だけど俺のトリじゃ出ないそうだ」

「そうですか、しゃあ、この話は無かったことに・・・」

それからは末広亭から仕事をもらうことは無くなりました。

好きな小屋でしたが、こうなってしまっては仕方ない、とあたしも諦めました。

タツ子はあたしに、

「お父さん、どうして寄席に出ないの？」

と訊いたことがありました。

「出ないったって、出られなくされちゃったから、しょうがないんだ」

「扇橋さんは寄席にしょっちゅう出て、弟子も取って、差をどんどんつけられちゃうよ。やっぱり私は寂しい」

大須修行

複雑だったある時、名古屋の大須演芸場（注121）での仕事がありました。

足立席亭は、先代歌笑の舞台を観たことがある人で、あたしを可愛がってくれました。

最初は客演でしたが、次第に呼ばれることが多くなり、機会も多くなりました。

十日が二十日になり、一ヵ月になり、となっていき、ついに席亭から
「俺の片腕として、ここを手伝ってくれ」

と言われ、タツ子に相談すると、

「お父さん、古典を勉強した方が良い。ある時寄席に行ったら、お父さんは笑わせているのに、お客さんが帰るときには、「扇橋は良かった」という話ばっかりで、ちっともお父さんの話はしていなくて、私は情けなかった」

あたしは、

（よし、東京で寄席に上がれなかった分、大須で古典を勉強し直して、お客をびっくりさせてやるぞ！）

と決意しました。

そうして完全な専属芸人、劇場支配人になり、住み込みで働く事になりました。

今では新装されていますが、その頃の大須演芸場はお世辞にも綺麗とは言えない所でした。

古い舞台をバタバタと色々な人が歩き回って埃《ほこり》が立つので、正絹の着物は汚れてしまいますから、もっぱらウールの着物を着て舞台に上がっていました。

人手も足りず、あたしは清掃や呼び込み、電話の対応となんでもやりましたが、一人でも劇場の舞台に上がれる、ということはとても嬉しいものでした。

そのころは、長い噺というものを持っておらず、東京の寄席では漫談や短い噺ばかりだったので、一から勉強し直すことになりました。

客席にはお年寄りが多く、大きな所作のある話でないと受けません。

そこで「試し酒」「親子酒」「うどんや」と、食べ物が出る話を多く演ることにしました。

あたしはほとんど所作を教わった事がなかったので、食堂から茶碗と箸を持ってきて、落語のカセットテープやビデオテープを参考にして、毎晩映像を見て、寝る前も枕元で落語を聴き続けながら、話芸を磨く修行をしよう、という気持ちで毎日の高座を勤めていました。

ある日のこと、近所のうどん屋に入ると、

「ああ、歌笑さん、今日はお代はいらない」

「どうして」

「歌笑さんの「うどんや」を聴いたお客が、うどんが食べたくなった、とうちに来たんで、ずいぶん入ったから」

芸人冥利に尽きるとはこの事、それは嬉しいもので、自信が持てるようになりました。

本格的に古典ができるようになったのは、大須に行ってからのことなのです。

なにせあたしは先代歌笑に憧れて入ったので、面白い新作を作ってやる、と古典落語には見向きもしなかった時期が長く、名古屋に来てやっと腰を据えて古典落語に向き合うことができた、と思っています。古典の味、魅力に気付くのには本当に時間が掛かりました。


東京から来たお客が、あたしの看板を見て訪ねてきて、

「あれ、歌笑さん、ここに出ているの？」

「はい、あたしの事を知っているんですか？」

「ええ、寄席でずいぶん見ましたよ、どうしてここにいるんですか」

「今はここの支配人で、勉強し直しています」

「偉いねえ、歌笑さん、大したもんだよ」

あたしは様々な人に褒めてもらう事ができ、近所の人から着物を贈られることもあり、大変に支えてもらいました。

弟子

大須演芸場に若い女の子が入ってきました。

「大須くるみ」（注122）という名前で、よく笑う明るい子で、専属として懸命に働いていました。

芸人は成功するのがとても難しいもので、様々な人間がいる世界ですから、その荒波に揉まれることは、あたしには不憫に思えて、

「早く辞めなさい、良い所じゃないから」

といつも言い聞かせていました。

くるみは南けんじ（注123）という、頭の大きな、口は乱暴ですが優しい芸人に可愛がられてい

ました。年があたしより十も上でしたが、あたしが「けんちゃん」と呼んでも怒りませんでした。そういう訳で、「けんちゃん」「歌笑」と呼び合う間柄でした。

ある時けんじから、

「おい歌笑、俺になにかあったら、くるみを頼む」

と言われました。

その頃はけんじの体調は優れず、あたしも世話になった人だったので、思いを汲んでやりたい、と思いました。

ある時、うどん屋にくるみを連れて行き、

「おい、俺の弟子にならないか。あたしゃ悪いようにはしない」

こうしてあたしは弟子を取ることになりました。

どこかへ仕事に出ると、弟子が一人付いていると扱いがずいぶん違いました。

くるみは青山たかし(注124)という、この人もあたしとは、「青ちゃん」「歌笑」の呼び合いの仲ですが、マジックの素晴らしい芸人にも芸を教わり、芸を磨いていました。

あたしはお礼に、青ちゃんに小噺を教えてあげました。

青ちゃんはあまり喋りが得意ではないのですが、絶品のマジックと、人の温かさに魅力があるのです。

くるみはそれからもあたしに付いて、なおかつ大須で甲斐甲斐しく働いてくれて、助けられた思いでした。

ミヤコ蝶々の気風

大須演芸場に客演してもらい、助けてもらった芸人がいます。

大須には染井詞労（注125）という、元は弁士だった芸人がいて、昔は売れていた人でしたが、もうすっかり落ちぶれていて、ミヤコ蝶々（注126）が名鉄ホール（注127）に出演している所へ、焼き芋を持って挨拶に行き、

「先生」

と呼んでいました。

昔は「蝶々君」であったものが、ヨイショするしか無くなっていたのです。

嫌だったろうなあ、と思います。

それで、

「先生はすごいですね。こんな大きな劇場へ出てみたいもんです。あたしは雨漏りもする所で、客一人の所ですから」

とコボすと、

「詞労ちゃん、私が行ってあげる」

と客演してくれることになったのです。

有難いことに、ギャラを一切取らずに出演してくれ、芸人達に祝儀を渡してくれた上に、空調まで備え付けてくれました。

「蝶々先生は、偉い人だなあ・・・」

と、苦労人の蝶々さんが見せた気風の良さに、感激することしきりで、頭が上がりませんでした。

志ん朝　客演

ある時、古今亭志ん朝を大須に呼びたい、という声があり、あたしは背広を着て、足立席亭と池袋まで依頼に行きました。

ギャラについて不安そうでしたが、あたしが責任を請け合って、客演が決まりました。

楽屋に着いた志ん朝に向かって、

「師匠」

と呼ぶと、

「馬鹿にしないでくれ」

と怒られましたが、

「いや、あたしは今はここの支配人で、芸人は商品として扱わなければいけないから」

と言うと、納得してくれました。

以来志ん朝は毎年、大須演芸場で独演会を開いてくれるようになりました。

独演会が近づくと、前の五日間は寄席を閉めて、くるみと二人で劇場の掃除をしました。あ

る時は畳を新しいものに取り替えて志ん朝を迎え、

「師匠、今年は畳を取り替えました。こうすることができたのも、毎年上がって頂いているお陰です」

と伝えると、志ん朝ははにかんでいました。


ある年は大変な出来事がありました。

「火事息子」を志ん朝が喋っている時に、音響を見ていたあたしは、集中するあまり前のめりになっていました。

後ろには消火器があったのですが、それに気付かず、何の弾みか掛け金の上に乗っかってしまい、ものすごい勢いで白い粉が噴射され、高座にいた志ん朝がむせるほどで、誰かが
「火事だッ！」

と叫びだして二階席からお客が一斉に動き出すし、煙は収まらず、ひとまず消火器を楽屋に置いても駄目で、近所の公園に消火器を担いで行き、やっとのことで収めました。

あたしはどうして良いか分からず、青くなって謝りましたが、どうやっても取り返しがつかないだろう、と思っていました。

独演会が終わると、志ん朝が
「打ち上げやるから、行こうよ」

と誘ってくれ、

「いや、あたしはそんな所に出す顔がありません」

と断っても、

「いや、いいから、いいから」

と連れて行ってくれて、お酌までしてもらいましたが、味も何も分かったものではありませんでした。

おかみさんは苦手・・・

志ん朝のかみさんは気性の激しい人で、人使いが荒く、

「志ん朝師匠」

と自分の亭主を呼ぶのですが、あたしのことは

「歌笑さん」

と呼んで、

「これ運んどいて。あれ片付けて」

と用を言いつけるのです。あたしは一年志ん朝の後輩とはいえ、痩せても枯れても真打ですから、偉そうにされる筋合いはない、それ相応に礼儀をわきまえてもらいたいと思っていました。

ある時は、先代のことを、

「うちのお兄さんは馬生師匠で、・・で、歌笑さんのお兄さんは何なの？」

と言われたことがありました。

何を言ってやんだ。うちの先代がとっくに立派だった時、馬生師匠が入ってきて、まだ下っ端だったんだ、手前の家族を師匠という奴があるか！　とはらわたが煮える思いでした。

なんて乱暴な人だろう、と思っていましたが、ある時、あたしがいつものように高座を勤め、下りてくると、奥のほうで観ていて、あたしの方へ寄ってきて、

「歌笑さん、ここでたった一人で、こんな風に頑張っているのね、偉いわね」

と言われました。それからは少し、あたしに対する態度が変わったような気がします。それでも苦手なままでしたが・・・

本当の言葉

　ある年の独演会、席亭から、

「志ん朝さんが、「歌笑さんは、大須演芸場を切り盛りして、一人で頑張っている、辛いだろうに、俺達の世話までしてくれて、頭が下がったよ」と褒めているよ」

　と言われました。

　その頃、志ん朝に独演会についてのＮＨＫの取材があり、記者から
「志ん朝さん、歌笑さんについてどう思いますか？」

　と聞かれて、志ん朝は
「いや・・・」

　と答えたきりでした。

　今思うと志ん朝のはにかみ癖なのですが、この時は、席亭はあたしを離さないために嘘をついたのだろう、と思って、少しがっかりしました。

　そんなある時、楽屋で志ん朝と二人になる時がありました。

「歌笑さん、上手くなったね」

「いや、そんなことありませんよ」

「いや、とにかくね、どこで喋っても同じだよ。東京でもここでも一緒だから、ここでとにかく頑張って、芸を磨いたら、東京に戻って来いよ。その時は俺が必ず引っ張る。客を驚かせて、呼び戻すから」

志ん朝のこの言葉は、本当のものだったと、あたしは信じています。

その志ん朝も体調を崩して、

「来年からは行かれないんだ」

と連絡が入り、あたしのために松坂屋でセーターを取り寄せてくれ、

「歌笑さんに贈るから、俺の名前を言って受け取ってくれ」

あたしは袖を通さずに、今もそのセーターを取ってあります。

再び東京へ

大須は相変わらずの毎日でしたが、大須でも次第に上手くいかなくなってきました。お客は入らない一方で、あたしはお金を持ち出してまで入ってもらう事もありました。常連の方が、「歌笑さん、どうにか残って下さいよ、歌笑さんがいるから大須は持ってるんですから」と激励してくれることもありましたが、酒に頼る毎日が続いて、席亭ともそりが合わなくなり、精神的に限界が来ていて、このままではいけない、あたしはもう一度、東京で勝負したいと思うようになりました。

二〇〇〇年、平成十二年は先代歌笑の没後五〇年という節目で、浄閑寺で記念落語会が開かれて、久々に東京に呼ばれることになりました。

所が、予定より早く東京に行かなければならなくなりました。

トシ子の危篤が知らされたのです。

施設に行き、くるみに預かっていた見舞いの手紙を読み上げると、トシ子は涙を浮かべました。

翌日が落語会、あたしの一六年振りの東京での口演でしたが、お客さんに楽しんでもらう事ができました。

二日後、トシ子は息を引き取りました。

あたしは東京に戻ることを腹に決めて、それから四年後の二〇〇四年のこと、名古屋に来て十九年で、大須演芸場を去ることにしました。

芸を精一杯

あたしは東京に戻って、つてを頼って仕事を探しました。

そんな時にたまたま、以前に中日新聞に載ったあたしの記事を見た人から、青森での仕事をもらいました。

「師匠が真打でも、一人大須で頑張られている姿を見て、ぜひお呼びしたいと思いました」と言ってくれました。あたしにはお願いがあって、

「あたしはお金も要りません。その代わり、弟子のくるみを一緒に出してください」

と話すと、

「良いですよ。構いません。お金もお渡ししますから、ご心配なさらないでください」

と快く承諾してくれました。

あたしはくるみに、

「せっかく仕事をもらったんだから、自分の芸を精一杯見せるんだよ。そうすれば必ずまた使ってくれるから」

と言い聞かせて、

「ネタは同じでいいですよ」

と言ってくれていたのですが、昼夜二回、ネタを替えてやりました。

行き帰りはグリーン車で、くるみは初めての経験で、窓際に座りました。

「グリーン車は気持ちがいいだろう」

と言うと、

「はい！」

と喜んでいました。

「頑張ればこうなるんだよ。こうならなきゃ駄目なんだ」

と言いました。

病の試練

仕事はあったものの、相変わらず酒をあおる日々が続きました。

立川での仕事があった帰り、駅で急に気分が悪くなり、しばらくうずくまり、やっとのこと立ち上がると、思うように前に歩けないのです。

普段は三十分で帰れる所を、四時間もかかって家まで帰りました。

くるみに諭されて、翌日に病院に行くと、脳梗塞との診断を受け、その日のうちに入院することになりました。

それでもあたしは、

「家に帰る」

と言い張りました。今考えると滅茶苦茶ですが、二十日ほどで退院しました。

呂律も回らず、声もうまく出せず、話の抑揚もつかなくなりました。

リハビリと投薬治療の毎日でしたが、半年後には胸が急に苦しくなり、心臓病との診断で、再び入院しました。

（あたしの人生も、もうこれで終わりだな・・・）

と、半ば諦めました。


幸いにして退院することはできましたが、杖をつかなければ歩けない生活が続きました。

投げやりだったあたしには、くるみが付き添ってくれ、リハビリを重ねました。

脳を鍛えるために紙切りを始め、何度も何度も色々なものを切りました。

あたしは寄席でこそはできませんが、紙切りがちょっとした特技になりました。

百席あった持ちネタも忘れてしまいましたが、落語のテープを擦り切れるほど聴いて、噺の稽古を、くるみが聞き手になって繰り返し演りました。


少しずつ仕事にも復帰できるようになり、久々の舞台を勤めました。

お客さんから、

「歌笑さん、噺の間が良くなったね」

と褒めてもらいました。

あたしは脳梗塞になって、話すスピードが遅くなったのですが、かつてはかなりの早口でした。

タツ子から、

「ねえお父さん、お客さんに聞かせるんだから、もっとゆっくり話した方が良いわよ」

と言われた程でしたが、病気になって、お客さんに喜んでもらえるような話し方ができた、という思いで、嬉しさがこみ上げました。

病気について新聞に取材してもらえることになり、くるみと二人の写真を載せてもらいました。その時は記者の方にくるみをあたしの妻だと間違えられましたが、それほど常にそばについてくれていました。

かつてあたしが、脳梗塞の術後に塞ぎ込んでいたときには、落語を指導している浜松のカルチャーセンターの生徒さん達の笑顔にも支えられました。

人に支えてもらうということは本当に幸せな事です。

松倉さんの恩

圓歌がＮＨＫで「演芸百選」という番組をやっていて、浅草演芸ホールの松倉久幸さんをゲストに迎え、「昭和の爆笑王」について語る回がありました。

二人とも揃って、

「爆笑王と言やあ、やっぱり三遊亭歌笑だ。三平とも比にならない位の受け方だったからね」

と話したのですが、若いスタッフは、先代歌笑について知る人が居なかったそうです。

その後、松倉さんから電話が入りました。

「師匠、若い人に先代の歌笑さんについて伝えたい。写真や何かがあったら、貸してくれないか」

と頼まれました。長らくお会いしていませんでしたが、あたしのことを「師匠」と立ててくれた事が嬉しく、資料を持って挨拶に行きました。

「あれ、来てくれたの？」

「もちろんですよ。あたしの先代についてテレビで話してくれて、宣伝をしてくれたんですから、送るなんて失礼ですよ」

と話し合い、

「師匠、今はどこに出ているの」

と聞かれました。

「いや、今はどこにも出ていませんよ」

「そうなのか、じゃあ、うちに出なよ。俺はもう引退して、息子が社長なんだけど、社長に言っておくから」

こうしてあたしは再び、東京の寄席に出られることになりました。

チバテレビの放送が入っていて、

「師匠、師匠を見たいというリクエストがたくさん来ていますよ」

「嘘だろう、あたしは東京にずっと出ていないのに」

「本当ですよ、たくさん来ているんです」

と、あたしはテレビにも映してもらいました。この縁で、今も浅草に出ると、チバテレビの「浅草お茶の間寄席」に出して頂くことが続いています。

幾夫さんと再会

東京に戻って、あたしと先代のルーツである、五日市の黒茶屋で独演会を開くことになりました。

有難いことにたくさんの人々が来てくれ、満員御礼ということになりました。

あたしに花輪が届いていて、名前を見ると、

「新宿末広亭席亭　北村幾夫」

とありました。

あたしは目を疑う思いで、幾夫さんに電話を掛けました。

「師匠、新聞で黒茶屋の独演会の案内を見ましたよ。東京に戻ってらしたんですね。電話でチケットを取ろうとしたら、満員だったので・・・昔、私達は大変お世話になったので・・・」

北村一男席亭、幾夫席亭に可愛がってもらっていた、懐かしい頃を思い出し、嬉しく思いました。

そこからは、末広亭にも出して頂けることになりました。

様々な方のお陰で、本格的に東京での活動を再開できることになったのです。

試練再び

東京での生活も順調になって来た時、体に異変が起きました。

トイレに入ると、便器の中が血で真っ赤になっていました。

驚いてくるみを呼ぶと、それを見て、

「師匠、病院に行った方が良いですよ」

とあたしのことを心配しましたが、仕事があったので戻り、その後二日間は出血が無かったのですが、夜遅くにくるみから電話が入り、

「とにかく病院に行ってください！」

と言われました。実はくるみはあたしが倒れる夢を見て、心配になって電話をくれたのだそうです。

中野の病院で検査を受けると、「S状結腸がん」という診断を受けました。大腸がんの一種で、

すぐに手術が必要ということでしたが、まだ仕事が残っていたので、一ケ月後に延期してもらいました。


手術が近づくにつれ、あたしは不安をつのらせました。

「がん」という言葉はあたしにとって重い響きで、命までも覚悟しなければならないのかもしれない、と考えました。

くるみが、

「師匠、先生にステージを聞いたんですか」

と聞くので、

「舞台のことを病院の先生に聞いたってしょうがないだろう」

と言うと、がんのステージのことでした。

改めて聞きに行くと、ステージ1の早期がんということでした。

まだ希望があるかもしれない、と思い直して、手術の日を迎えました。

腹に穴を開け、腹腔鏡を使っての手術でしたが、術後に腹痛を感じるようになりました。

調べると、腸の一部が狭くなる「狭窄《きょうさく》」が起きていて、便が通じなくなっていたのです。
人工肛門をつけることになり、再び手術を受けました。

人工肛門、ストーマというものですが、あたしの場合、腸が狭くなっている部分を切除して、便が通うようになれば使わなくても良くなり、元通りにできるという一時的なものでしたが、これをつけての生活は想像より大変なものでした。

自分の意志に関わらず便が出てくるので、ストーマの先にそれを受ける袋をつけるのですが、漏れてしまうこともありました。

幸い仕事にも復帰できましたが、着物の帯がちょうどストーマの所に当たるので、ゆるく帯を巻いて、漏れないように気を付けました。

ストーマの周りがただれたこともありましたが、袋をストーマに合ったものに付け直すことで、治してもらう事ができました。

枕で寄り添いたい

あたしはひとつ枕を考えて、

「ストーカーというものをつけておりまして、・・・違った、ストーマだった、まあいいや、どっちも「つける」もんだから」

というものを寄席で演りましたが、最初は全く受けませんでした。

「ストーマ」という言葉が世間に広まっていないことを思い知りました。

ですが、嬉しかったこともあります。

ある時がんの話を枕ですると、客席から
「頑張れよ！」

「負けるな！」

と大きな声が掛かりました。

有難いことに、病気と向き合う気持ちがさらに強くなりました。

今でもこの枕をすると、共感するように笑ってくれる人が多く、ちょっとおこがましいですが、病気を持つ人達に寄り添うことができるように、意識してこの枕を話しています。

がんだと分かったときには開催できるかどうかと不安でしたが、独演会も開くことができました。

いつものように、ゆるく帯を巻いて高座に上がると、馴染みの人達で一杯、満員の客席でした。

拍手で迎えてもらい、嬉しさを噛み締めました。

元気が一番！

ストーマの経過診断を受けると、先生から、

「よく管理できていますね」

と褒めてもらう事ができ、予定通りストーマを閉鎖して、元通りにする手術を受けることができました。

今も病院に通うことは続いていますが、幸いにして健康でいられています。

お医者さんの言うことを聞いて、油断せず体に気を付けることが、健康の根源だということが分かるようになりました。

人間、やっぱり元気なのが一番です。

「歩くことが大事ですよ」

と言われていたので、新宿末広亭に出番があるときは、東中野の家から歩いて通っています。

さすがに疲れますが、歩いていると落語の稽古にもピッタリなのです。

最近寄席に出ていて、後輩から、

「兄さん、背筋が伸びてますね」

と褒めてくれたことがありました。

あたしよりずいぶん年下の後輩を見ていて、

「あれ、ずいぶん腰が曲がったな、年を取ったな・・・」

と思うことがあります。

落語家というものはどうも年寄りがやる印象があるためか、意識して老いたようにする人もいるように思いますが、あたしは、人は放っておいても年を取るものですから、自分でできる限りは、若く居続けられるようにした方が良いと思うのです。

落語一筋六十年

振り返ってみると、落語家になって六十四年もの月日が経ちました。

寄席出演の機会も頂きながら、年に一回の独演会も開き、今もこうして落語家で居続けられています。

辛い時でも、とにかく続けよう、辞めてなるか、という思いを常に持っていられたことは、やはりあたしの性に合っていたからかもしれません。

先代三遊亭歌笑、爆笑王の輝きに憧れぬいて入り込み、面影を追い掛け続けていることは、今も変わらないままです。

戦後の凄まじい人気の真っただ中でこの世を去った短い人生、後の世まで生きていたら、どんな落語を生み出したのだろうか、という悔いが残ります。

あたしが落語家になっても生きていてもらいたかった、鞄の一つも持ちたかった、という思いを未だに持ち続けています。

おそらくあたしには、

「落語家なんてならねえ方が良い」

と言ったに違いありませんが・・・

あたしは古典落語を専門とするようになりましたが、先代のような爆笑を取れなくても、落語を聞きに来てもらい、励まし、褒めてくれる人々に囲まれ続けていることには、感謝しかありません。

悟るまで長いこと掛かりましたが、落語というものに人生を教わりました。

これからも続けられる限り、落語を　演らせてもらおうと思います。

長い間のお付き合いに、心よりお礼を申し上げます。

それじゃあ、また寄席で・・・

注

1、鐘の鳴る丘　ＮＨＫのラジオドラマ。１９４７年〜１９５０年に放送。
2、さくらんぼ大将　ＮＨＫのラジオドラマ。１９５１年〜１９５２年に放送。
3、二代目三遊亭歌笑（１９１６〜１９５０）落語家。歌笑の叔父にあたる。
4、サマータイム　アメリカ占領下の日本で、１９４８年から４年間に渡り導入されていた。
5、国際劇場　東京都台東区浅草にあった劇場。１９８２年閉館。
6、美空ひばり（１９３７〜１９８９）歌手。
7、二代目三遊亭円歌（１８９１〜１９６４）落語家。
8、芸術協会　落語芸術協会。落語家達が所属する団体の一つ。
9、初代柳家三亀松（１９０１〜１９６８）芸人。三味線漫談家。
10、丹下左膳　林不忘（１９００〜１９３５）の小説、およびその主人公。後に大河内伝次郎（１８９８〜１９６２）主演で映画化され、ヒットした。
11、歌奴　三代目三遊亭圓歌（１９３２〜２０１７）落語家。

12、二代目三遊亭歌太郎。生没年不詳。落語家。
13、初代三遊亭歌橘（？～2010）落語家。二ツ目時代に廃業。
14、三助　銭湯で客の体を洗い流したり、マッサージなどの雑用をする従業員のこと。
15、歌寿美　歌笑の前座名。
16、ビデオホール　東京都千代田区有楽町、蚕糸会館6階にあったスタジオ。
17、本牧亭　東京都台東区上野にあった寄席。1990年閉場、のちに移転して再開、2011年閉場。
18、フランク永井（1932～2008）歌手。
19、上野鈴本　鈴本演芸場。東京都台東区上野にある寄席。
20、八代目春風亭柳枝（1905～1959）落語家。
21、枝吉　三遊亭圓彌（1936～2006）落語家。
22、七代目橘家円蔵（1902～1980）落語家。
23、三蔵　橘家三蔵（1937～1997）落語家。
24、八代目林家正蔵、のち林家彦六（1895～1982）落語家。
25、爪革　下駄の爪先につける雨除けのこと。

26、五代目古今亭志ん生（１８９０〜１９７３）落語家。
27、六代目三遊亭円生（１９００〜１９７９）落語家。
28、さん馬　九代目桂文治（１８９２〜１９７８）落語家。
29、六代目蝶花楼馬楽（１９０８〜１９８７）落語家。
30、六代目三升家小勝（１９０８〜１９７１）落語家。
31、八代目三升家小勝（１９３８〜）落語家。
32、勝丸　三升家勝丸、のち初代林家三平門下に移り漫才に転向、林家ライス（１９４１〜２０１８）
33、出口一雄（１９０７〜１９７６）ラジオディレクター、ラジオ東京（現・ＴＢＳ）に勤務。
34、人形町末広　東京都中央区日本橋人形町にあった寄席。１９７０年閉場。
35、横浜相鉄場　神奈川県横浜市、相鉄文化会館内にあった演芸場。１９６２年閉場。
36、川崎演芸場　神奈川県川崎市にあった演芸場。１９６２年閉場。
37、目黒名人会　東京都目黒区にあった寄席。１９７０年代半ばに閉場。
38、三代目三遊亭金馬（１８９４〜１９６４）落語家。
39、東宝名人会　東宝が主催していた演芸興行。東京宝塚劇場などで開催されていた。

40、円鏡　八代目橘家円蔵（１９３４～２０１５）落語家。
41、小島貞二（１９１９～２００３）作家、演芸評論家。
42、初代林家三平（１９２５～１９８０）落語家。
43、三代目三遊亭小円朝（１８９２～１９７３）落語家。
44、四代目柳家つばめ（女）（１８９２～１９６１）落語家。
45、四代目古今亭志ん好（１９０１～１９９４）落語家、音曲師。
46、二代目古今亭甚語楼（１９０３～１９７１）落語家。
47、八代目桂文楽（１８９２～１９７１）落語家。「黒門町」は文楽が住んでいた地名で、現在の東京都台東区上野。落語家は住んでいる場所の地名で呼ばれることがある。
48、二代目春風亭梅橋（１９３４～１９８４）落語家。
49、六代目春風亭柳橋（１８９９～１９７９）落語家。
50、春風亭笑橋　生年不詳、落語家。
51、金原亭駒子　生年不詳、落語家。
52、五代目春風亭柳朝（１９２９～１９９１）落語家。
53、十代目金原亭馬生（１９２８～１９８２）落語家。

54、海老一染之助・染太郎　海老一染之助（1934〜2017）、海老一染太郎（1932〜2002）　太神楽師。

55、富田英三（1906〜1982）　漫画家、作家。

56、小ゑん　五代目（七代目）立川談志（1936〜2011）　落語家。

57、全生　五代目三遊亭円楽（1932〜2009）　落語家。

58、三代目古今亭志ん朝（1938〜2001）　落語家。

59、大阪角座　大阪市中央区道頓堀にあった道頓堀角座のこと。2007年閉場。

60、京都花月　京都府京都市中京区にあった京都花月劇場のこと。1987年閉場。

61、赤帽　鉄道駅構内に勤務する、乗客の手荷物などを運ぶ係員。赤い帽子を被っていたことからこう呼ばれた。

62、ダイマル・ラケット　中田ダイマル（1913〜1982）、中田ラケット（1920〜1997）　漫才師。

63、かしまし娘　正司歌江（1929〜）・正司照枝（1933〜）・正司花江（1936〜）の音曲漫才トリオ。

64、六代目笑福亭松鶴（1918〜1986）　落語家。

65、三代目桂米朝（1925～2015）落語家。
66、三代目林家染丸（1906～1968）落語家。
67、月亭可朝（1938～2018）落語家。
68、渥美清（1928～1996）俳優。
69、沢島忠（1926～2018）映画監督。
70、武者小路実篤（1885～1976）小説家、画家、劇作家。
71、若い季節　NHKのテレビドラマ。1961年～1964年に放送された。
72、町村金五（1900～1992）政治家。1959年から1971年まで北海道知事を務めた。
73、阪本牙城（1895～1973）漫画家。
74、勝弥　七代目三升家小勝（1937～1992）落語家。
75、歌雀　三代目三遊亭歌奴（1941～2004）落語家。
76、古今亭志ん駒（1937～2018）落語家。
77、三代目吉原朝馬（1930～1978）落語家。
78、文七　十代目翁家さん馬（1941～2008）落語家。

79、馬六　三代目鈴の家馬勇（１９３７〜１９８２）落語家。
80、九代目入船亭扇橋（１９３１〜２０１５）落語家。
81、木久蔵　林家木久扇（１９３７〜）落語家。
82、松竹演芸場　東京都台東区浅草にあった劇場。１９８３年閉場。
83、大宮デン助　大宮敏光（１９１３〜１９７６）喜劇役者。
84、暁春夫　生年不詳、司会者。
85、四代目柳亭痴楽（１９２１〜１９９３）落語家。二代目歌笑と同様に、新作落語を得意とした。
86、亀松　二代目柳家三亀松（１９２２〜１９９８）芸人、三味線漫談家。
87、五代目柳家小さん（１９１５〜２００２）落語家。
88、五代目柳家つばめ（女）（１９２８〜１９７４）落語家。
89、橘家円平（１９３１〜２０２０）落語家。
90、川柳川柳（１９３１〜２０２１）落語家。真打昇進当時の芸名は「三遊亭さん生」
91、柳家小のぶ（１９３７〜）落語家。
92、五代目（十代目）鈴々舎馬風（１９３９〜）落語家。

93、柳家さん吉（1938～2022）落語家。
94、七代目春風亭栄枝（1938～2022）落語家。真打昇進当時の芸名は「林家枝二」
95、小益　九代目桂文楽（1938～）落語家。
96、三木のり平（1924～1999）喜劇役者、俳優。
97、初代金原亭馬の助（1928～1976）落語家。
98、四代目三遊亭金馬　二代目三遊亭金翁（1929～2022）落語家。
99、四代目柳家小せん（1923～2006）落語家。
100、二代目柳家さん助（1926～2011）落語家。
101、好生　春風亭一柳（1935～1981）落語家。
102、文平　六代目柳亭左楽（1936～）落語家。
103、三遊亭生之助（1935～2009）落語家。
104、小きん　六代目柳家つば女（1938～2004）落語家。
105、さん弥　二代目柳家小はん（1941～2022）落語家。
106、桂太　金原亭伯楽（1939～）落語家。
107、新宿末広亭　東京都新宿区にある寄席。

108、池袋演芸場　東京都豊島区池袋にある寄席。
109、浅草演芸ホール　東京都台東区浅草にある寄席。
110、キャバレー日の丸　1970年代~2000年代に存在したキャバレー・チェーン。新宿や池袋に店舗が存在した。
111、岸正次郎　四代目三遊亭市馬（1913~1987）落語家。のち廃業、落語協会事務員。
112、七代目林家正蔵（1894~1949）落語家。
113、八代目柳家小三治　高橋栄次郎（1902~1977）落語家。のち廃業、落語協会事務員。
114、リーガル千太・万吉　リーガル千太（1901~1980）、リーガル万吉（1894~1967）漫才師。千太は後に引退、落語協会の事務員になった
115、町奴　二代目三遊亭歌扇　生年不詳、落語家。のちに廃業。
116、四代目桂米丸（1925~）落語家。
117、三笑亭夢楽（1925~2005）落語家。
118、七代目橘家圓太郎（1901~1977）落語家。

119、波多野栄一（1900〜1993）芸人。百面相を得意とした。
120、中野サンプラザ　東京都中野区にある劇場。
121、大須演芸場　愛知県名古屋市中区大須にある劇場。
122、大須くるみ　三遊亭笑くぼ（1965〜）落語家、芸人。
123、南けんじ（1924〜1997）漫談家。
124、青山たかし（1932〜）芸人。
125、染井詞労（1912〜?　）活動弁士、漫談家。
126、ミヤコ蝶々（1920〜2000）漫才師、女優。
127、名鉄ホール　愛知県名古屋市、名鉄百貨店内にある劇場。

編者あとがき

歌笑師匠の落語に出会いましたのは今から五年ほど前、浅草演芸ホールの昼席で、初めて「親子酒」を伺いました。

渥美清さん主演の映画「おかしな奴」を観て、先代の歌笑師匠の研究をするほど興味を持ったのですが、とある演芸ファンの方から、

「先代も素晴らしいですが、当代も立派です。芸に迫力がある」

と教えて頂いて高座を拝見したのです。

江戸落語の味と、一匹狼のような力強い芸人の姿に、心をグッと揺さぶられるようでした。

私は、「上手い・・・」という言葉以外、何も出てこなくなるような芸こそ本物の芸ではないかと考えているのですが、歌笑師匠の落語はまさにそのような芸なのです。

師匠を追いかけ追いかけ、有難いことに自伝の編集という役割を頂きまして、師匠の人生を探るうち、スターに憧れる一人の少年が、修行、苦難、そして人々との交流の後、古典落語を改めて身につけ、立派な落語家になるという、果てしなく大きな生き様が浮かび上がりました。

歌笑師匠はよくご自分の人生を「まわり道をした」と表現されますが、それは三百年以上に

渡り、はかり知れない人間の綾を描いた、落語というものを悟ることの難しさを表した言葉だと思います。

私もこれから、歌笑師匠のような人間になれますよう、精進しなければ！　と、身を引き締めております。

この本の製作に携わって頂いた方々、そしてこの本をお読み頂いた方々に、心より御礼を申し上げます。

本当にありがとうございます。

二〇二三年六月二十五日
大須演芸場楽屋にて
よしの　ほつね

三遊亭歌笑

1939年、東京都西多摩郡五日市町（現・あきる野市）生まれ。戦後間もなく、「純情詩集」で一世を風靡し、「爆笑王」の異名を取った二代目三遊亭歌笑を叔父に持ち、1958年に二代目三遊亭円歌に入門、前座名「歌寿美」、1961年に二つ目昇進、三代目三遊亭歌笑を襲名、1973年に真打昇進。1985年より名古屋・大須演芸場に座長として出演、以来19年間に渡って屋台骨を支えた。心臓病や脳梗塞、大腸がんなど数々の病気を乗り越え、2010年頃より東京の寄席に復帰、叔父譲りの「純情詩集」や、「親子酒」「うどんや」などの落語を手掛け、今も精力的に活動中。

よしのほつね

2002年、千葉県野田市生まれ。幼少より日本映画や喜劇、演芸に親しむ。現在は大学に在学する傍ら、話芸に関わる創作活動を行い、二足のわらじで活動中。

三遊亭歌笑自伝　心で泣いて笑顔を忘れず

2023年11月1日　　第1刷発行

著　者——三遊亭歌笑
発　行——日本橋出版
〒103-0023　東京都中央区日本橋本町2-3-15
https://nihonbashi-pub.co.jp/
電話／03-6273-2638
発　売——星雲社（共同出版社・流通責任出版社）
〒112-0005　東京都文京区水道1-3-30
電話／03-3868-3275

ISBN 978-4-434-32876-3